La redoutable Zoé Mezzo, éperdue devant la défaite…et l'amour

I0538277

Johanne Landers

ISBN 10: 2924494214
ISBN-13: 9782924494219

Jlprudhomme@msn,com

http://jlprudhomme.wix.com/johanne-landers

http://facebook.com/johanne.landers

Zoé ne pouvait sortir de sa tête l'histoire de ses deux oncles. Elle concentra tout son temps libre à faire des recherches pour retrouver son oncle Miki. Celui qui était vivant…celui qui a tué son frère dans un accident de voiture, une collision mortelle avait dit les policiers. Le conducteur de l'autre voiture était mort sur le coup. Miki était dévasté à la pensée qu'il avait tué un homme. La collision n'avait pas été forte, mais quand même mortelle. La température n'avait pas favorisé le tout, c'était la plus forte jamais vue sur la côte. Avec la température si élevée, le brouillard s'était mis de la partie et on pouvait le couper au couteau tellement il était épais. Miki n'allait pas vite et l'autre conducteur non plus, mais la collision avait été fatale pour l'autre conducteur parce qu'il s'était frappé la tête sur la vitre et celle-ci avait éclaté et une partie c'était logée dans la tempête. Mais les policiers restaient la à regarder Miki et sa mère, pourquoi ne partaient-ils pas, allaient-ils arrêter Miki ? Non, la plus mauvaise nouvelle devait suivre. Le conducteur de l'autre voiture était son petit frère. Comment pouvoir vivre dans sa famille qu'il aimait plus que tout après avoir tué son frère…son petit frère Carlo qu'il aimait tant.

Ces temps-ci Zoé n'avait pas beaucoup de temps à y consacrer, car son travail la tenait en haleine. Son procès actuel était un cas de possession et vente de stupéfiants.

La redoutable Zoé Mezzo, éperdue devant la défaite…et l'amour

Elle procédait à ses recherches elle-même comme elle avait toujours fait. Elle disait vouloir rencontrer les gens pour pouvoir ressentir leur réaction, pour pouvoir lire dans leur visage. C'était surement son point fort, car elle était considérée comme l'avocate la plus redoutée de Vancouver. Il y avait même certains avocats qui préféraient reculer en sachant que Maître Zoé Mezzo était pour être leur adversaire.

Elle avait des personnes à rencontrer aujourd'hui susceptibles d'avoir des informations qui pourraient l'aider dans son procès. Pour la première fois, elle se rendit compte que plus elle avançait dans ce cas, plus elle sentait quelque chose de louche. Quelque chose qui lui échappait. Il lui manquait un morceau du casse-tête. Elle redoubla son travail, mais ne trouvait toujours pas. Où était donc cette pièce manquante.

Ce n'était pas elle qui devait avoir ce dossier au tout début, c'était Michaël son frère aîné. Le dossier lui avait été spécifiquement envoyé à lui, mais il avait souffert d'une pneumonie alors Zack, Emmauël et elle, s'étaient séparés les dossiers qui ne pouvaient pas attendre sa convalescence. Elle travaillait sur ce dossier depuis plusieurs semaines maintenant, l'accusé était Marco White. Un jeune revendeur reconnut de la justice, mais cette fois la quantité était beaucoup trop grande pour un petit revendeur. Quelque chose ne tournait pas rond dans cette histoire. Elle avait même demandé à ses parents si cela leur était déjà arrivé qu'un accusé, avec une si grande quantité, soit jugé seulement pour possession et vente. Pour elle, il ne devait pas être jugé comme un petit trafiquant, mais bien comme un trafiquant à plus haute échelle. Et non, ses parents ne comprenaient pas non plus. Elle avait raison. Elle devait trouver, c'était une maladie chez elle tellement elle ne pouvait pas rester sans cette réponse. Elle alla discuter de ce dossier avec Michaël.

— Michaël, nous devons vraiment discuter du dossier Marco White.

— Ha c'est toi qui l'as pris celui-là. Comment puis-je t'aider.

— Je ne sais pas. Il y a quelque chose de louche et je n'arrive pas à mettre le doigt dessus.

— Ça c'est pas bon signe, tu vas massacrer toutes mes soirées à venir, je le sens.

— On ne dit pas que je suis la meilleure pour rien. Non, je veux juste éclaircir une chose. Pourquoi ce dossier t'a-t-il été envoyé spécifiquement.

— Hé bien tu me l'apprends, car je ne le savais pas. D'où tiens-tu cette information.

— La demande qui t'a été envoyée par courriel du Juge Brown.

— Ha parce que maintenant tu regardes dans mes courriels?

— Non, imbécile. Ils ont envoyé la demande par courriel au cabinet…c'est-à-dire à la boîte générique.

— Ha j'aime mieux ça.

La redoutable Zoé Mezzo, éperdue devant la défaite…et l'amour

— Pourquoi, tu as quelque chose à cacher dans ton courriel…ne me tente pas Michaël.

— N'essaie jamais de me faire un coup pareil.

— Regarde toi-même dans ton courriel si tu aurais reçu quelque chose en regard à ce Marco White.

Zoé alla se mettre derrière son frère pour regarder avec lui la recherche dans son courriel. Finalement il trouva un courriel qui demandait que ce soit spécifiquement lui qui s'occupe du dossier, car le juge sur cette affaire préférait travailler avec lui.

Mais Michaël avait déjà tenté Zoé, il était trop tard. Tandis que Michaël essayait de trouver le courriel en question, Zoé regardait tout le reste.

— Bon c'est assez flatteur, mais assez exceptionnel. Je vais renvoyer un courriel et expliquer au juge que je regrette, mais que j'ai été malade et que le cabinet a dû prendre mes dossiers en charge. Qu'en dis-tu, nous allons voir ce qu'il répondra.

— Bien.

Michaël ferma vite son courriel, car il s'aperçut que Zoé avait de beaux grands yeux qui cherchaient toujours dans ses courriels. Ce qu'il n'avait pas pensé était qu'en fermant son courriel il laissait voir à Zoé son fond d'écran. Un trop grand sourire apparut sur le visage de Zoé. Il avait compris l'erreur qu'il venait de faire.

—Sors de mon bureau tout de suite.

Zoé fît mine de sortir en riant, elle se retourna arrivée à la porte du bureau de Michaël et parla très fort pour que tous ceux qui étaient dans le cabinet puissent l'entendre.

— Hein! Je la connais elle. Bravo Michaël, c'est une avocate reconnue, depuis quand tu cou…..
— LA FERME, TU VAS ME LE PAYER ZOÉ.

Zoé riait. Elle était si maligne envers ses frères quand elle le voulait. Ils leur avaient tous fait des coups à elle, alors maintenant, quand elle en avait l'occasion, elle leur remettait leurs petits coups. Aussi être surveillé par quatre frères lorsqu'elle a débuté avec les petits copains.

Tous passèrent à tour de rôle pour savoir de Zoé avec qui Michaël couchait. Michaël lui fit de gros yeux chaque fois qu'il la voyait cette journée-là.

La redoutable Zoé Mezzo, éperdue devant la défaite…et l'amour

Ce soir-là, elle décida de regarder à ce dossier à partir du début jusqu'à la fin de nouveau. Elle avait surement dû manquer quelque chose. Elle se consacrait tellement à cette cause, qu'elle n'avait plus de vie sociale à part les repas en famille. Elle devait probablement prendre du recul et se donner une soirée de répit, elle sentait qu'elle s'était surmenée avec cette cause. Elle devait sortir et s'amuser un peu. Elle téléphona Wendy sa meilleure amie et se donnèrent rendez-vous pour le samedi suivant pour sortir la boîte la plus en vogue de Vancouver.

— Salut Wendy, contente de te voir.

— Oui moi aussi, je crois que nous ne sommes jamais restés si longtemps sans nous voir.

— Oui, je suis tellement occupée, je n'ai jamais eu une cause à plaider qui me prenait autant de mon temps que celle-ci.

— Bon, on ne parle plus travail. Ce soir… hummm, on regarde la marchandise et si nous sommes chanceuses…on aura le sexe en extra. On pourra toucher en plus de regarder… ha ha ha Ha toi tu ne changeras jamais. Mais c'est vrai que cela me détendrait.

Zoé disait ces mots et elle savait très bien qu'elle n'était pas le genre à coucher le premier soir avec un homme sans le connaître. Les préliminaires étaient importants. Wendy par contre n'avait pas froid aux yeux et elle n'avait pas peur, mais pour Zoé, sa copine ne prenait vraiment pas assez de précautions. Par contre Zoé aurait tout oublié ce soir pour se retrouver avec homme dans son lit pour se faire caresser et se laisser aller. Elle se résigna même à se dire qu'elle allait essayer ce soir. Elle voulait un homme, elle en avait besoin. Et la marchandise ne lui déplaisait pas du tout, elle en avait l'eau à la bouche.

Elles r'attrapèrent le temps perdu jusqu'à ce qu'un beau jeune homme invite Zoé à danser.

— Bonjour mesdames, moi c'est Phil.

Il se tourna vers Zoé et l'invita à danser. Zoé voyait bien que Wendy en bavait pour lui.

— Non désolé pas maintenant, mais Wendy toi tu peux y aller ne te gêne pas.
— Oui, Wendy tu veut danser.

La redoutable Zoé Mezzo, éperdue devant la défaite…et l'amour

— Avec joie, j'adore danser avec de beaux mecs comme toi mon joli.

Zoé riait, c'était du Wendy cent pour cent. Elle resta seule et ses pensées retournèrent inévitablement à son travail. Mais elle vit soudain qu'elle était observée, l'homme lui fit un sourire enchanteur. Elle lui rendit son sourire séducteur et elle le voyait déjà dans son lit.

— Ouf ! Zoé reprend toi, reprend toi. Tu en baves ma belle ça va être trop évident.

L'homme en question lui fit envoyer un verre de ce qu'elle buvait. Elle le salua avec son verre. Pour lui c'était l'invitation à continuer sa quête. Il se rendit à sa table.

— Bonsoir mademoiselle, moi c'est Nicholas….Je peux partager votre table.

Zoé pensa que ce n'était pas sa table qu'elle voulait partager, c'est mon lit.

— Oh! oui, désolé mes pensées étaient ailleurs. Avec plaisir, moi c'est Zoé.

— Quel joli nom pour une si belle femme.

Il était charmeur avec ça! Attention n'en met pas trop. Oh là!

— Merci

Ils bavardèrent quelques heures avant que Wendy s'approche de la table. Zoé lui présenta Nicholas et elle, elle lui présenta Luis avec lequel elle partait. Elle avait changé de partenaire, mais Zoé ne s'en étonna pas. Zoé avait bien vu, elle savait qu'elle repartirait avec un homme.

— Wendy, tu m'appelles sans faute demain avant-midi compris, sinon j'envoie la police après toi.

— Oui madame. Passez une belle fin de soirée.

— Vous aussi.

Elle continua sa discussion avec son bel inconnu

La redoutable Zoé Mezzo, éperdue devant la
défaite…et l'amour

Nicholas.

— Vous travaillez ensemble, ou habitez
ensemble?

— Non, c'est une amie d'enfance. Nous sommes
comme des soeurs, depuis une vingtaine d'années
que nous nous connaissons.

— La soirée est encore jeune, est-ce que tu veux
que nous allions dans une autre boîte ou peut-être
aller dans un endroit plus tranquille, prendre un café
pour pouvoir parler sans crier.

— Nous pourrions aller chez moi prendre un
verre de vin.

— Non Zoé, ce ne serait pas sage. Il lui fit un
clin d'oeil. Tu es beaucoup trop jolie, je ne pourrais
pas me retenir.

Justement pensa Zoé, elle ne voulait pas être
sage, pourquoi était-elle tombé sur un sage homme.
Zoé était perdue dans ses pensées à la recherche du
mode d'emploi pour ''comment apporter un homme
dans ton lit en un soir''.

Zoé aperçut soudain Zack qui venait vers eux.
Elle fit la grimace sans s'en rendre compte.

— Manquant plus que ça!

— Salut mon amour.

— Ce jeu-là ne marche plus O.K.

— Zoé, tu n'as qu'un mot à dire et je peux aller discuter avec le monsieur pour qu'il ne t'importune plus.

— Hum, c'est tellement tentant. Mais non merci, c'est mon frère. Nicholas je présente Zack et Zack voici Nicholas.

— Oh! désolé pour ce que j'ai dit. Bonsoir, c'est un plaisir de te rencontrer.

— C'est réciproque. Je voulais juste jouer avec ma petite soeur en l'agaçant un peu. Elle détestait tellement quand on lui faisait cela quand elle était plus jeune, la tentation était trop forte. Vous avez vu ses yeux comme elle m'a fusillé.

Tous riaient à la réflexion de Zack.

— C'est assez rare qu'on te voie en boîte soeurette. Mais restez ici… je reviens, je vais aller chercher mes amis, ils vont aussi être contents de faire ta connaissance.

— Désolé Nicholas, je crois que mon frère est tombé sur la tête ce soir. Je n'ai aucune envie de connaître ses amis.

— Ce n'est pas graves, nous resterons un peu et ensuite nous déciderons où nous allons.

— Parfait. Trente minutes, pas plus.

La redoutable Zoé Mezzo, éperdue devant la défaite…et l'amour

Zoé se retourna en entendant les voient leur dire bonsoir.

— Ah merde! Que faites-vous tous ici, c'est un rêve que je fais ou quoi, réveillez-moi quelqu'un s'il te plaît.

— Nicholas, je te présente mes frères, Michael, Emmauel et Ogan.

Nicholas était surpris de les voir arriver, il leur serra tous la main. Il se tourna vers Zoé.

— Tu en as d'autres encore?

— Non, Dieu merci.

Michaël la regarda avec un sourire. Il prit Zoé et l'embrassa sur le front.

— Hé! dit ma p'tite soeur que tu les aimes bien tes frères.

— Oui, mais pas ici et pas ce soir. Ogan, tu es marié maintenant. Que fais-tu en boîte?

— Oui je suis marié et non je ne suis pas venu seul en boîte. Amélia est partie se refaire une beauté, juste pour moi.

— Bon, au moins je vais avoir quelqu'un de mon côté. Et pourquoi êtes-vous tous là, que personne ne m'a invité alors?

— Nous avons décidé cela à la dernière minute et je crois que tu ne réponds pas à ton téléphone cellulaire.

— Ah! je ne l'ai probablement pas entendu ici. Hé bien! Oui, je vois que vous m'avez téléphoné, six fois!

— Oui, tu ne peux pas dire que nous n'avons pas essayé.

Amélia venait vers eux. Ils discutèrent tous ensemble.

— Zoé, je partais justement. Tu veux que je te ramène chez toi. Avec le vin que je te vois avalé, j'espère que tu n'as pas pris ta voiture.

— Oui, non… Ah! oui, il est déjà très tard. Nicholas c'était un plaisir de faire ta connaissance. J'ai adoré discuter avec toi. Que dirais-tu si nous échangions nos numéros? Nous pourrions éviter les indésirables, parce que je crois que ça ressemble beaucoup à un complot ce soir.

Personne n'avait de quoi écrire, alors Zoé arrêta

une serveuse, lui emprunta sa plume et inscrit son
numéro de cellulaire dans la main de Nicholas.

Nicholas partit en même temps qu'eux tous et il
raccompagna Zoé jusqu'à la voiture de Zack en
espérant pouvoir lui voler un baisé. Ce baiser était si
tendre, mais la flamme monta dans son corps, elle
devait y mettre un frein sinon elle ne pourrait pas
repartir avec Zack.

— Je t'appelle.
— Oui. Merci pour cette soirée.

Elle s'installa dans la voiture où Zack l'attendait
déjà.

— Ce n'est pas de sitôt.
— Non, mais arrête. Je le voulais vraiment ce
baiser.
— Moi aussi j'en voulais un, mais j'ai fini par
perdre la belle blonde que je voyais. Je ne l'ai plus
revu après avoir changé de table.
— C'est à toi de ne pas me déranger et de rester à
ta place.

— Très drôle, je me devais de vérifier et quand je suis allé chercher le reste…de ma bande, c'était assez beau à voir sur ton visage.

— Assez surprenant que Nicholas ne soit pas parti à courir en se sauvant. Quatre frères pour veiller sur moi.

Zack prit sa soeur et l'embrassa sur la tête.

— Je crois quand même que je suis arrivé au bon moment.

— Ferme là tu veux. Ce n'est pas parce que tu es mon jumeau que tu sais ce que moi j'avais en tête.

— Ouf! Féroce la soeur. Tout compte fait, je ne suis peut-être pas arrivé au bon moment.

— J'ai dit, ferme là Zack.

Zack siffla entre ses dents.

— Mais qu'est-ce qui te prend? Si tu voulais repartir avec ce minable, t'avais juste à me le dire.

Silence

La redoutable Zoé Mezzo, éperdue devant la défaite…et l'amour

— Et tu sais ce qu'il aurait fait? Il aurait sorti tous ses beaux atouts et tous ses charmes, il t'aurait mis dans son lit.

— Imbécile…tu viens de décrire mes quatre frères.

Zack faillit s'étouffer.

— Nous avons vingt-sept ans Zack, tu ne trouves pas qu'avec qui je couche ou que je veux coucher est mon affaire.

— Oui, mais quand même tu es ma soeur et ma jumelle en plus. C'est plus fort que moi, je ressens toujours le besoin de te protéger.

— J'ai trois autres frères qui avaient un peu trop ce besoin aussi. J'ai l'impression que c'est juste parce que je suis la seule fille.

— Oui, peut-être. Tu ne m'en veux pas trop.

— Oui Zack, imagine que je voulais coucher avec lui. Je crois que vous lui avez fait peur et qu'il ne voudra plus de moi. Et tout ça par ta faute.

— Finalement, j'aurais dû te laisser là bas. La route va être longue jusque chez toi. Tu es sure de ne pas vouloir aller te refroidir dans ta chambre d'enfant chez les parents. Nous ne sommes qu'à deux minutes de là.

— Va te faire foutre et rapporte-moi chez moi. Finalement comme tu dis, je crois que tu es très content que Zoé n'ait pas de sexe ce soir.

— Yark! ne parle pas de sexe avec moi…surtout que je n'en aurai pas ce soir.

Zack la ramena chez elle et s'assura qu'elle fût bien entrée avant de repartir.

Une semaine après avoir fait la connaissance de Nicholas, il lui téléphona pour l'inviter à souper.

— Bonjour Zoé, c'est Nicholas
— Ah! bonjour Nicholas
— Je me demandais si tu n'étais pas trop occupée si nous pouvions sortir souper ensemble samedi. C'est bien toi qui disais avoir besoin de distractions parce que ton emploi actuel t'accaparait beaucoup. Tu dois bien manger quand même.
— Oui je mange. Hum! je crois que j'aurais bien besoin d'un bon repas et d'une bouteille de vin pour accompagner cela.

Zack entra dans son bureau avec un gros sourire aux lèvres, il avait entendu Zoé prononcer le nom de Nicholas. Elle se leva, le mis à la porte de son bureau et lui ferma la porte au nez avec un sourire sarcastique. Johannie passait au même moment.

La redoutable Zoé Mezzo, éperdue devant la
défaite…et l'amour

— Elle a du caractère cette fille.

— Hum oui, mais je voulais vraiment entendre
cette conversation.

— Alors elle a bien fait de te mettre à la porte.

— Maman voyons, ne dit pas ça à ton fils.

Ils rirent tous les deux et Zack expliqua la
situation à sa mère.

— Vous faites encore de la surveillance
rapprochée à ce que je peux voir.

— Non maman, nous ne savions pas qu'elle
serait là en même temps que nous. Nous l'avions
même téléphoner pour venir avec nous et elle
n'avait pas répondu.

— Ça reste que tu sembles avoir profité de la
situation quand même.

— Tu sais maman, je crois que j'ai beaucoup de
travail.

— C'est ça, cesse d'embêter ta soeur et retrouve
travailler.

Il y avait une si belle complicité dans cette
famille. Zack et Johannie retournèrent dans leur
bureau respectif et Zoé pendant ce temps-là
continuait sa discussion en privé.

— Nous pourrions y aller ce soir. Tu veux que je passe te chercher chez toi à 19h00.

— Non pas chez moi je suis au bureau. Tu peux passer à mon bureau.

— Oui sans problème. À 19h00 alors.

Zoé sortit de son bureau en trombe. Elle passa dans chacun des bureaux de ses frères et les convoqua pour une réunion immédiate dans la salle de réunion. Johannie la vit aller et alla trouver Frédérick.

Ouf! Frédérick, prépare-toi à voir un beau spectacle.

— Que veux-tu dire Johannie?

— Zoé est sortie en boîte l'autre soir et pour faire une histoire simple, ces quatre frères y étaient aussi et Amélia. Mais tu te rappelles quand elle était plus jeune comme les garçons la taquinaient un peu quand elle rencontrait un garçon.

— Hum, je crois que j'ai tout compris. Je ne voudrais pas être dans cette salle en ce moment. Nous allons allez dans ton bureau, nous allons mieux voir quand ils vont en ressortirent tu veux.

La redoutable Zoé Mezzo, éperdue devant la défaite…et l'amour

— Oui viens. Ça va être amusant de voir les garçons sortirent de là. Elle va les mitrailler.

— Tu peux en être sure, elle a du caractère tout comme sa mère.

Zoé fusillait du regard ses quatre frères.

— Qui de vous quatre a eu la brillante idée de sortir en boîte et exactement celle où j'étais?

— Écoute Zoé, ce n'était qu'une coïncidence.

— Michaël c'est donc toi.

— Non, c'est Emmanuël.

— Mais comme Michaël dit, ce n'était qu'une coïncidence.

— Pas toi Emmanuël. Comment as-tu appris que j'étais pour être là.

— Voyons Zoé, si cela avait été le cas, je n'aurais pas amené ma femme.

— Fais-en à croire à d'autre tu veux Ogan.

— Alors Emmanuël, qui t'as dit? Jamais je ne croirai que tu as un observateur dans tous les bars.

— Ah! très bien, j'ai rencontré Wendy qui m'a dit que vous sortiez en boîte.

— Bien drôle

À 19h00 Nicholas passa prendre Zoé comme prévu à son bureau. Elle attendait déjà dehors. Elle se sentait bien avec lui, il avait eu le don de la faire se sentir en sécurité depuis le début. Lâcher son dossier actuel n'était pas pour lui déplaire, elle avait besoin de ces pauses pour reprendre avec des idées plus claires. Ils discutèrent et buvaient du vin en attendant leur repas.

— Tu as l'ère plus détendue maintenant que tu as bu du vin Zoé... hum, mais tu vas peut-être un peu trop vite non.

— Hein! Je t'avais dit que j'avais besoin de me détendre, alors là je suis détendue et je ne conduis pas alors j'en profite. Mais oui c'est assez et je le sentais aussi. C'est ce qui arrive quand on est trop fatigué.

— Tu fais bien, il faut apprendre à se détendre quelquefois. Tu travailles sur quoi en ce moment.

— Secret professionnel. Je suis avocate, si je devais parler de mes dossiers je n'irais pas loin dans ma carrière.

— Oui je comprends, mais je veux dire en gros... pas de détails croustillants.

— Je travaille sur un gros cas de stupéfiant. Mais c'est juste plus que je croyais ce dossier.

— Pourquoi?

— Ah! y'a des petits secrets que j'essaie de découvrir, c'est tout. Je suis une battante et tant que je n'aurai pas la satisfaction qu'il n'y a vraiment pas autre chose de caché dans cette cause, je ne lâcherai pas.

La redoutable Zoé Mezzo, éperdue devant la défaite…et l'amour

— Tu crois que tu vas la gagner cette cause.

— Oh oui! j'en suis sure et j'avance très bien. C'est juste que plus tu touches au but, plus les indices se font rares… ils sont mieux cachés.

— Ah! je vois. Tu y travailles tous tes week-ends.

— Pas toujours, juste cette cause…la curiosité, je n'arrête pas tant que je ne trouve pas.

— Je crois que nous devrions y aller. Tu veux venir prendre un verre chez moi ou si tu préfères on peut aller chez toi. Il se pencha pour lui chuchoter à l'oreille ''tu me plais beaucoup tu sais''.

— Toi aussi. On va aller chez moi d'accord.

Zoé aimait mieux aller chez-elle comme cela elle n'aurait pas à sortir en pleine nuit pour retourner chez-elle ou partir le matin de chez lui sans avoir aucun effet personnel Hé Nicholas, je pensais tout à coup, comment savais-tu où je travaillais…je ne te l'ai pas dit et pourtant tu m'as trouvé?

— Ah!…hum…j'ai réalisé aussi que j'avais oublié de te demander, alors j'ai regardé dans internet et j'ai trouvé une Zoé qui était avocate. Alors tu ne m'avais pas dit ton nom de famille ''Mlle Mezzo'', mais tu m'avais dit être avocate, alors ça été très facile.

— Un homme ingénieux en plus.

— Eh oui!

— Tu veux un verre de vin.

— Oui avec plaisir.

— Tu peux ouvrir la bouteille et nous servir je vais à la salle de bain.

— Sans problème.

Zoé alla se rafraichir. Elle se sentait bien avec lui alors elle avait décidé qu'un deuxième soir serait bon pour lui. Elle avait l'intention de toucher ce soir comme Wendy disait. Elle avait assez regardé.

Finalement ils firent l'amour jusqu'aux petites heures du matin. Zoé laissa tombée le travail pour ce dimanche. Elle devait passer l'après-midi avec sa mère et ensuite toute la famille se rejoignait chez ses parents pour souper en famille. Dure à croire qu'on travaillait tous au même endroit, mais nous n'avions pas de temps pour parler, alors les soupers de famille restaient quand même très animés. Elle avait hâte aussi de revoir ses neveux et nièces. Jouer à la tante Zoé faisait bien son bonheur.

Tous étaient présents. Ses 4 frères, sa belle soeur Amlia et sa nièce adorable Annabella ainsi que son petit frère Carlo.

La redoutable Zoé Mezzo, éperdue devant la défaite…et l'amour

— Zoé, je suis surpris que tu sois là. Je ne te vois pratiquement qu'au bureau, tu n'en sors plus. Quelle cause t'accapare tant?

— Je travaille sur un cas pour la couronne en ce moment. Y'a quelque chose qui ne cloche pas rond dans ce dossier et c'est en train de me rendre folle.

— Woooow! Tu dois faire attention princesse. Tu as besoin d'aide, je pourrais te donner un peu de temps si tu veux.

— Non, j'aime bien tout voir moi-même, tu sais…ma curiosité.

— Oui, mais quand même.

— Changement de sujet, le gars que j'ai rencontré au bar. Ça fait deux rencontres que nous avons.

— Il avait l'ère bien. Nicholas, c'est ça.

— Oui, Nicholas Brown. Il travaille à son compte en comptabilité.

— Et quand allons-nous le rencontrer… officiellement?

— Probablement après quelque rendez-vous. Pour l'instant je le garde pour moi. Et toi, tu n'as pas rencontré personne encore. Ça fait longtemps Zack depuis ta rupture avec Dina.

— Ne me parle pas d'elle tu veux. Non je n'ai rencontré personne et je suis bien seul pour l'instant.

Le lundi matin Zoé avait des gens à rencontrer, un en particulier qui voulait la rencontrer en secret, il avait peur, ça se voyait dans sa voix. Elle devait le rencontrer en dehors de la ville dans un petit casse-croûte à 6h00. Pour être là à temps elle devait se lever à 4h00.

— Quel enfer! J'espère que ce qu'il a à me dire vaudra la peine. Ouf la douche, ça presse avant que je retombe dans le lit.

Elle alla le rencontrer, il était en retard. Mais finalement un homme venait à elle.

— Bonjour, vous êtes Maître Mezzo.
— Oui et vous êtes.
— Pas de nom pour l'instant. Vous pouvez m'appeler Jo si vous voulez. On verra plus tard.
— O.k. qu'avez-vous pour moi
— Le gars qui a été arrêté, il était un petit revendeur jusqu'à ce que Richie tombe sur lui. Richie lui a passé de l'argent, beaucoup d'argent. Mais c'est sa manière d'obliger les gens à faire ce qu'il veut. Après qu'il accepte, Richie choisi bien ses victimes, il s'est qu'ils ne pourront pas lui remettre l'argent. Alors il met des termes très cours

pour s'en assurer et ensuite ils leurs faits faire tout ce qu'il veut en menaçant les proches.

— Et pour ce qui est de mon gars si on ne veut pas prononcer de nom.

— Votre gars, il a emprunté pour acheter beaucoup de drogue pour pouvoir démarrer à son compte, l'imbécile je ne sais pas ce qu'il a pensé. Là Richie n'est pas trop content de vos fouilles. En plus qu'il paye son propre avocat pour le défendre. Il doit vraiment avoir quelque chose de sale à lui faire faire.

— Ils savent que je fais des recherches approfondies?

— Oh oui! Je dois y aller, mais faites attention à vous, ça ne vaut pas la peine pour un raté.

— Merci pour toute l'information que vous venez de me donner. Ça m'aide à comprendre beaucoup de choses. Mais vous ne voulez toujours pas me donner votre nom?

— Non et je vous ai même convoqué par lettre, ce n'est pas pour rien. J'avais peur que votre téléphone soit sur écoute. Richie a le bras long. Attention à vous. Au revoir.

— Au revoir.

Zoé ne pouvait pas croire que son téléphone pouvait être sur écoute. Elle appréciait les informations qu'il lui avait données, mais de là à avoir peur pour sa vie. Et puis il fallait bien que quelqu'un les enlève de la rue ces criminels. Elle retourna au bureau et ne se sentait pas bien maintenant à chaque fois qu'elle avait à utiliser son téléphone. Elle alla fermer la porte de son bureau et décida de se satisfaire et vérifia s'il y avait quelque chose dans son téléphone. Zack cogna à la porte et entra quand il vit qu'elle était seule.

— Salut soeurette, suffit que tu ne sortes pas beaucoup de ce fichu bureau, j'ai décidé de venir te chercher pour dîner avec nous, Amélia, Ogan et moi.

— Non je n'ai pas le temps, j'ai eu d'autres informations ce matin et je veux faire les vérifications le plus vites possible.

— Mais qu'est-ce que tu fais là à quatre pattes sous ton bureau?

— Rien. Mon téléphone griche un peu, alors je regardais s'il y avait quelque chose que je pouvais faire. J'ai brassé les fils un peu pour voir si cela se placera.

— Hum! Bon très bien, mais si tu changes d'idée vient nous rejoindre à 1h00 au pub au coin de la rue.

— OK bon dîner.

Nicholas téléphona dans la matinée pour lui aussi l'invité à dîner si elle avait le temps. Elle voulait vraiment le revoir alors elle décida d'aller.

La redoutable Zoé Mezzo, éperdue devant la défaite…et l'amour

— Très bien, viens me rejoindre à mon bureau à 12h45 et si tu n'y vois pas d'inconvénient, nous allons aller juste au pub au coin de la rue et deux de mes frères ainsi que ma belle-soeur y seront aussi.

— Bon très bien, je suis partant.

— Zack, j'ai changé d'idée et je vais me joindre à vous pour dîner et aussi … je vais être avec Nicholas.

— Ah! Nous allons enfin le rencontrer officieusement. Mais je suis un peu fâché contre toi. Je suis ton frère préféré et tu m'avais dit non à moi et là tu dis oui à lui.

— Oui, mais ne boude pas au moins tu vas le rencontrer.

— Super.

À 12h45 ils sortirent tous et Nicholas attendait déjà dehors. Zoé fit les présentations et le dîner allait bon train même si ses deux frères mitraillaient Nicholas de questions.

— Bon! nous devons retourner au bureau.

— Zoé est-ce que tu peux rester un moment j'aimerais qu'on parle de quelque chose.

— Oui certainement.

— Zoé chérie, la cause sur laquelle tu travailles…tu devrais la laisser tomber. Cela peut t'apporter des problèmes, tu sais.

— Nicholas, ne parlons pas de mes causes. Je ne lâche jamais avant d'avoir gagné et quand je ne gagne pas, c'est parce que je me suis retrouvé avec un mauvais client.

— Zoé tu….

— Non Nicholas, ne fait pas cela. Tu couperas les ponts entre nous.

— Ah! Très bien, je me demandais si tu étais occupée pour le week-end, je pensais qu'on pourrait aller j'ai un ami qui a un jet et il le mettrait à ma disposition pour le week-end et nous pourrions aller à Las Vegas.

— Oh là là! c'est très tentant. Je vais voir ce que je peux faire et comment je vais avancer aujourd'hui dans les recherches que je suis en train de faire et je pourrais te le faire savoir ce soir?

— Parfait, essai fort. On pourrait s'amuser.

— Oui, je te rappelle ce soir. Je vraiment retourner au bureau, tu viens.

— Oui

Il insista pour payer l'addition. Zoé qui était très indépendante n'avait pas l'habitude de ça, cela l'agaça. Elle était pour lu en parler.

Elle retomba dans les recherches qu'elle effectuait maintenant sur Richie. Ce gars semblait assez puissant. Il appartenait à la lignée de la mafia. Il n'y avait pas grand-chose sur lui, il n'avait jamais été arrêté, aucune infraction de la route, rien.

— Blanc comme neige le salaud. Mais le petit
Richie lui en a gros sur les bras le salaud.

Le téléphone la sortit de ses pensées.

— Maître Zoé Mezzo bonjour.
— C'est plutôt bonsoir chérie.
— Oh! Nicholas, désolé il est déjà 22h00.
— Oui et je crois qu'à cause de cela, tu dois
absolument venir en week-end. Tu vas te tuer à
l'ouvrage. C'est terrible.
— Oui tu as bien raison. D'accord, quand
partons-nous?
— Demain je passerai te chercher à une heure
raisonnable, c'est-à-dire 16h00.

Comme prévu, Nicholas vint la chercher et ils se
rendirent à l'aéroport où le jet privé les attendait.

— Wow! c'est la première fois que je prends un
jet privé.

— Alors, profites-en, ce n'est pas quelque chose non plus qui arrive chaque jour. Viens, le champagne nous attend.

— Du champagne. Hum! Et à qui appartient ce jet exactement.

— C'est à un ami d'un ami. Mais j'ai payé pour le louer pour l'allez-retour un somme ridicule.

— Tu as payé!

— Oui, mais ne pense pas à cela, j'ai les moyens.

— D'après ce que je peux voir, les affaires vont bien de ton côté.

— Oui et j'en suis fier, j'ai travaillé très dure pour y arrivée. Hé! J'ai demandé à ce qu'on ne vienne pas nous déranger à l'arrière et j'ai fermé la porte à l'avant. Que dirais-tu de me démontrer comment tu vas m'aimer ce week-end.

Ils firent l'amour dans le jet, c'était sauvage comme s'ils ne s'étaient pas vus depuis une éternité. Zoé devenait de plus en plus droguée par lui. Il lui faisait faire des choses qu'elle n'aurait jamais pensé faire de sa vie. Tout était surpris avec Nicholas.

Pendant ce temps-là, Richie bouillait. Il commençait à en avoir assez de la petite Maître Zoé Mezzo.

La redoutable Zoé Mezzo, éperdue devant la défaite…et l'amour

— Si je ne me retenais pas, je ferais exploser le jet.

— Voyons mon fils, de la tuer te donneras juste plus de problème à régler.

— Ah! je sais, mais j'en ai assez d'elle, elle m'exaspère. Et si je lui faisais mal un peu, je la relâcherais ensuite avec de bons avertissements, qu'en dis-tu papa.

— Fait attention mon fils, ne la tues surtout pas. Mon frère serait en rogne et personne ne veut le faire fâcher.

— Promis, je vais m'occuper de son play-boy aussi qui semble être tombé sous le charme avec cette pétasse. Princesse oui! Ce n'est pas une princesse, c'est une vraie liasse de la pire espèce.

— Tu savais que j'ai essayé d'engager ses parents quand ils étaient jeunes, c'était à leurs débuts.

— Non, mais t'aurais peut-être dû les tuer s'ils ne voulaient pas être tes avocats, car aujourd'hui j'aurais moins de problèmes et ils n'auraient pas fait cinq mouchards et en plus quatre d'en eux avocats.

— Tu ne penses qu'à tuer les gens, mais tu dois te calmer Richie. C'est en restant le plus tranquille possible et tout en faisant tes affaires dans le calme que tu y arriveras. Arrête d'essayer de toujours manipuler les gens et emplois-toi des bons hommes de main à la place, car de la manière que je vois les choses aller mon gars, tu auras besoin de tes hommes de main pour te protéger bientôt. Tout le monde ne parle que de ça. Ta petite astuce est trop connue maintenant. Tu vas causer des problèmes à la famille.

— Elle marche quand même. Et quand j'ai quelque chose à leur faire faire, personne ne les soupçonne parce qu'ils n'ont jamais fait le genre de choses que je leur demande.

— Arrête ça mon garçon, écoute l'expérience.

— Merci papa pour tes conseils, je vais y penser, mais pour l'instant je dois régler ce problème.

Le week-end se passa bien, ils ne sortirent pas beaucoup de leur chambre. Ils firent l'amour à en perdre le souffle. Zoé était aux anges. Nicholas était si doux et si attentif avec elle et en extra, il était beau comme un dieu.

— Zoé chérie, comment c'est passé ton week-end. J'ai entendu dans les branches que tu t'étais faites un nouvel ami?

— Oui maman et oui je vais l'apporter au prochain souper de famille que tu vas nous faire.

— Papa et moi avons très hâte de le rencontrer.

— Il est merveilleuse maman.

— Oh là là! ma fille serait-elle vraiment en amour. Tes yeux sont devenus très brillants chérie.

— Oui, je crois bien.

— Alors je me dois de faire un souper de famille ce dimanche.

— J'y ai bien pensé.

La redoutable Zoé Mezzo, éperdue devant la défaite…et l'amour

Zoé invita Nicholas et celui-ci resta surpris.

— Tu ne dis rien
— Oui, oui sans problème.

Nicholas qui ne voulait pas faire ce sale travail était en plus, tombé en amour avec la personne à qui il doit faire peur.

— Très bien je t'envoie l'adresse par texto et tu pourras m'y retrouver vers 17h00.
— Bien j'y serais.

Zoé avait à peine raccroché que trois de ses frères entrèrent dans son bureau en trompant. Michael, Emmanuel et Zack.

— Mais qu'est-ce que tu fais Zoé?
— Quoi Michael, où est le problème et qu'est-ce que vous faites tous dans mon bureau, j'ai du travail.

— Justement princesse, ton travail du moment, c'est la seule chose dont nos contacts nous parlent.

— On ne parle que de toi. Que tu n'as pas froid aux yeux de t'attaquer à la mafia.

— Tu ne peux pas faire ça seule et ici, nous tenons à la vie et non à la mort d'un d'entres-nous.

— Bon c'est bien, je vois que j'ai des frères qui n'ont pas de couilles.

— Zoé, ce n'est pas une question de courage et de couilles, mais bien une question de vie ou de mort. Tu dois laisser aller cette cause. Demande un remplacement ou trouve une autre solution, mais fait quelque chose avant que les parents apprennent ça.

— Oui, si vous en avez tous entendu parler, ils vont bien l'apprendre eux aussi. Ha merde!

— Tu t'investis beaucoup trop dans certaines causes Zoé. Mais celle-là c'est trop.

— Je ne veux tellement pas que les parents apprennent cela. Mais je ne veux pas lâcher la cause non plus. Je suis très près du but.

— Est-ce que tu crois sincèrement que si, je dis bien si, tu envois Richie en prison, que tout va être fini? Tu ne t'attaques pas à une personne, mais au clan. Tu dois comprendre cela.

— Bon c'est bien j'ai compris. Que dois-je faire maintenant?

— Premièrement, l'anniversaire de mariage des parents est ce week-end, je crois que l'idée qu'ils ne l'apprennent pas au moins avant que tu sois sortie du pétrin dans lequel tu t'es mise est une très bonne idée.

La redoutable Zoé Mezzo, éperdue devant la défaite…et l'amour

— Je crois qu'on devrait les envoyer en voyage pour un mois…en Italie naturellement. Papa pourra aller revoir sa famille et il en sera enchanté.

— Bon très bien alors suffit que c'est ma cause et mes problèmes, je vais leur payer le voyage. Je vais demander à Amélia de s'en occuper cet après-midi et maman m'a déjà dit qu'elle nous recevait dimanche pour souper, car elle veut faire la connaissance de Nicholas.

— Je crois qu'on devrait tous payer avec toi pour le voyage, car c'est quand même leur anniversaire de mariage et nous allons devoir trouver autre chose.

— Oui et on s'est très bien que les hommes ont certaines difficultés à trouver des cadeaux aux parents.

— C'est ça. Zack, toi tu vas parler à Ogan pour voyage. Et pour ce qui est des parents, c'est vrai qu'ils ne travaillent plus beaucoup avec leurs contacts, mais nous ne devons pas prendre de chance. Alors Zoé, prends les billets le plus tôt possible.

— Oui je les prendrais pour lundi matin.

— C'est bien. Nous allons laisser les parents partirent et ensuite nous allons nous installer dans la salle de réunion lundi matin et étudier ton dossier avec toi et nous verrons de là comment tu pourras procéder.

— Merci les gars.

— Bon, allez libérer votre agenda pour lundi matin.

— Hé Zoé! ne soit pas fâché tu sais la vie nous apporte des surprises. On se la dessine d'une façon et, mais on doit la vivre d'une autre. Quelques fois il faut savoir accepter et passer l'éponge.

Zoé passa le restant de la semaine à essayer de s'éloigner de son bureau pour se forcer à passer à autre chose. Le vendredi soir Nicholas l'invita chez lui, il voulait lui faire le souper. Il passa la chercher au bureau à 17h00 et il l'apporta en dehors de la ville, le trajet était long.

— Mais où diable habites-tu?
— J'aime la tranquillité.
— Et tu sembles nerveux, tu as des problèmes.
— Non. Nous allons nous arrêter ici un moment. Petit besoin urgent.
— O.k.

Nicholas passa de l'autre côté de la voiture et arrêta prendre quelque chose dans le coffre arrière de la voiture pour ensuite ouvrit la portière du côté de Zoé. Il l'endormit avec de l'éther. Il la conduisit dans une maison dans les bois appartenant à une connaissance de Richie. Ces à ses ordres que Nicholas se retrouvait menacé et obligé de faire tout ce cinéma, mais là il était nerveux, ça allait trop loin

pour lui. En plus qu'il aimait bien Zoé, m'aime
qu'il en était maintenant amoureux. Il décida qu'il
livrerait Zoé et qu'ensuite il devait partir,
disparaître. C'était bien le temps d'enfin trouver une
femme avec qui il aurait aimé partager le reste de sa
vie. Il frappa quelques coups forts sur son volant, il
était si enragé d'être forcé à lui faire cela. Il aurait
voulu se sauver avec elle, la protéger, mais son père
mourrait.

La famille Mezzo semblait trop forte et Richie
lui, semblait trop fou furieux. Il était vraiment pris
entre les deux. Comment son père avait-il pu se
mettre dans une merde pareille. En plus il savait très
bien que Richie pouvait passer à l'action et tuer son
père comme il l'avait dit. Lui qui n'avait jamais
touché à la drogue, qui avait toujours travaillé pour
payer ses études et maintenant qu'il avait un bon
emploi, son père avait joué avec le feu et c'est lui
qui payait pour ses erreurs.

Après la mort de sa mère, le père de Nicholas
s'était mis à boire et il avait tout perdu petit à petit.
Il s'était mis au jeu aussi, alors pour ne pas montrer
à Nicholas la vraie réalité de ce qu'il avait fait de sa
vie, au lieu de perdre la maison et tous ses biens, il

avait emprunté à Richie.

Il décida d'arrêter dans une halte routière et de téléphoner Richie.

— Salut Richie, c'est Nicholas.

— Tu as la pétasse.

— Oui, j'ai Zoé et je l'ai endormie. La livraison se fera dans quelques minutes. Mais je voulais te parler d'autre chose.

— Je t'écoute

— Je voulais savoir si j'avais fini de payer la dette de mon père. Je voudrais maintenant partir avec lui et je veux m'assurer que tout est en ordre pour que nous puissions recommencer notre vie ailleurs et ne devoir rien à personne.

— J'avais prévu que tu resterais avec Jim pour faire parler la fille et que vous feriez la rotation pour la surveiller. Tu dois faire cela avant et ensuite je te donne ton ticket. Et n'oublie pas de détruire son cellulaire et tout autre article électronique qu'elle peut avoir en sa possession.

Nicholas se ferma les yeux, il ne voulait tellement ne pas la voir souffrir. Que faire contre la mafia? Il avait été voir le père de Richie, il n'était pas comme son fils. Il était respectueux, même en étant le

maître de la mafia dans la région. Mais le père de
Richie avait dit qu'il n'interférait pas dans les
affaires de son fils. Juste avec Richie comme
maître, Nichola était maintenant certain que Zoé
n'avait pas beaucoup de chance, il était fou ce
jeune. Il devait choisir entre son père ou Zoé, quel
choix déchirant.

— Merde, merde, merde!

Nicholas arriva à l'endroit prévu. Il vit Jim sortir
du chalet. Son père lui avait parlé d'eux un peu et il
lui avait dit que Jim était le pire des salauds, il avait
la gâchette trop facile et qu'il n'avait certainement
pas de coeur.

— La voilà, où dois-je la déposer.
— Entre-la dans le chalet et je vais l'attacher
solidement, car on ma dit qu'elle était féroce et
entêtée.
— Elle est très gentille, alors fait lui attention, je
suis sure qu'elle va coopérer.

Nicholas la déposa sur le fauteuil dans le salon.
Elle commençait déjà à se réveiller. Il n'avait pas

mis beaucoup d'éther sur le chiffon, il ne voulait tellement pas lui faire de mal.

— Hé! Nicholas, qu'est-ce qui m'est arrivée?

— Rien Zoé, je suis désolé, tellement désolé si tu savais…je n'avais pas de choix et je ne t'oublierai jamais Zoé.

— Pas de choix pourquoi, mais où sommes-nous.

— Fermez vos gueules tous les deux. Et toi, ridicule, tu enlèves une femme et tu t'expliques.

— Quoi! Tu m'as enlevé.

— Écoute je vais te l'expliquer plus tard.

— Nous venons de passer un week-end merveilleux…et tu m'as enlevé.

— Si…il y a un plus tard, ça ma poupée ça va dépendre de toi. Tu es ici parce qu'on veut te faire comprendre que tu dois lâcher de mettre ton nez dans les affaires de Richie.

— Richie!

— Richie Bianco ma jolie. Tu dois laisser tomber la cause de Marco White. Tu n'y touches plus, c'est compris.

Jim leva la main pour frapper Zoé, mais Nicholas l'arrêta.

La redoutable Zoé Mezzo, éperdue devant la défaite…et l'amour

— Hé! C'est quoi ton problème à toi? Je dois m'assurer qu'elle a bien compris le message et si tu veux, je peux aussi te faire un message à toi.

— Jim montra son arme à Nicholas.

— Non, non c'est beau. Mais pourquoi utiliser la violence si elle t'assure qu'elle va coopérer.

—Sors d'ici et va t'assurer que personne n'approche.

Nicholas sorti, car il savait très bien qu'il ne pourrait pas voir personne faire du mal à Zoé et en même temps, il y avait son père. Il frappa le mur de la maison si fort et il laissa une larme couler. Il se reprit et s'éloigna pour ne pas entendre. Son cellulaire sonna.

— Oui.

— Nicholas c'est Richie, je voulais juste te dire que j'arrive avec ton père au chalet et je voulais m'assurer que tu te tenais tranquille. N'oublie pas, tu as maintenant un engagement envers moi.

— Ah merde! Comme si je pouvais l'oublier oui.

Au moment où il raccrocha, il entendit un cri étouffé qui venait du chalet. L'enfoiré avait fini par frapper Zoé. Il priait intérieurement pour que Zoé coopère avec eux pour que rien ne lui arrive.

Entre-temps les parents de Zoé qui étaient partis en Italie reçurent la visite du cousin de Frédérick.

— Frédérick, c'est très très urgent décent au restaurent avec Johannie, je vous attend et faites vites.

— Johannie, mon cousin celui qu'ont appelé Sergio. Il est en bas, il nous attend au restaurant. Il dit que c'est très très urgent qu'il doit nous voir. Allons-y.

— Bonjour Frédérick...Johannie.

— Qu'as-tu de si urgent pour moi.

— C'est plutôt pour vous. Tu sais la famille Bianco opère ici, mais aussi au Canada.

— Oui, ils sont même à Vancouver.

— Oui. Hé bien, ils ont votre fille en otage, je l'ai appris il y a une heure. J'ai fait le plus vite possible pour t'aviser.

— Quoi! Attends un peu. C'est bien ceux qui travaillent pour Lorenzo Bianco que tu me parles là.

— Oui, exactement. On dit que c'est Richie, son neveu qui l'aurait fait enlever, car elle travaille sur une cause qui lui touche et que ta fille serait... un peu trop mise le nez loin.

— Merde c'est bien Zoé ça. Trouve-moi le numéro de Lorenzo. Nous Johannie, on appelle les enfants tout de suite. Ils vont avoir des comptes à nous rendent.

La redoutable Zoé Mezzo, éperdue devant la
défaite…et l'amour

Sergio s'affaira à trouver le numéro de Lorenzo
tandis que Johannie composait le numéro du bureau.
La réceptionniste répondit immédiatement.
Johannie lui demanda de réunir sa famille au
complet dans les plus brefs délais qu'elle et
Frédérick voulaient leur parler tous en même temps.

— Johannie, ils sont déjà tous en réunion
ensemble dans la salle, je vais vous transférer
immédiatement.
— Merci.
— Pourriez-vous prendre l'appel s'il vous plaît,
c'est vos parents qui veulent vous parler
immédiatement.
— Ah non! ils savent. On est dans la merde de ne
pas les avoir appelés nous-mêmes.

Amélia était avec eux, elle mit l'appareil en
fonction.

— Bonjour Johannie et Frédérick.

Frédérick et Johannie avaient aussi mis leur

appareil en mode-conférence. Frédérick prit la parole.

— Mais qu'est-ce que vous avez pensé Bon Dieu! Ne pas nous avoir avisé à la minute que vous vous êtes aperçus que Zoé avait été enlevée.

— Désolé papa, mais nous avons cru pouvoir arranger les choses plus vites que cela.

— Moi je vais les arranger les choses. Et beaucoup plus vite que vous tous.

— Comment avez-vous su pour Zoé papa?

— Richie Bianco, Bianco c'est un nom italien non. Sa descendance est ici, dans ma ville natale même.

— Vous êtes avocat et pas plus brillant que cela.

Ogan regarda ses frères en leur faisant des signes de couteau passé devant la gorge. Aucun d'entre eux n'avait vu ou entendu leur père fâché.

— Frédérick s.v.p. calme-toi. Les enfants, savez-vous où est Zoé en ce moment?

— Non maman, nous savons que c'est Richie qui l'a fait enlever, mais nous cherchons toujours. Nous croyons qu'ils ont détruit son cellulaire, car elle n'est pas retraçable de ce côté-là.

La redoutable Zoé Mezzo, éperdue devant la défaite…et l'amour

— Bon, nous allons faire des téléphones ici en Italie pour pouvoir arranger les choses et vous téléphoner à nouveau dans quelques minutes je l'espère. Michaël, c'est toi que nous allons joindre, alors attend l'appel.

— Papa comment comptes-tu pouvoir arranger cela de l'Italie.

— Je suis allé à l'école avec Lorenzo. C'était même mon meilleur ami…jusqu'à ce qu'il décide de son chemin et moi du mien. Nous ne pouvions plus nous fréquenter, mais nous nous sommes toujours respectés. Je suis assuré qu'il n'a rien à voir là-dedans. C'est son neveu qui est un fou et tous, je dis bien tous les avocats ici et à Vancouver doivent le savoir.

— Papa nous on le savait, mais probablement pas Zoé. Alors nous attendons votre appel.

Sergio avait dû faire plusieurs téléphones pour arriver à ce qu'un des hommes de Lorenzo était pour lui faire le message de téléphoner Frédérick de toute urgence à l'hôtel. Trente minutes plus tard, on avisa Frédérick d'un appel de la part de Lorenzo.

— Bonjour, Frédérick à l'appareil.

— Bonjour mon ami. Y'a bien longtemps que nous nous sommes parlé. J'ai pu comprendre qu'il y avait urgence et je viens d'apprendre pourquoi. Je suis vraiment désolé pour ce que cet imbécile a fait. Tu connais la fille qu'il a enlevée?

— Oui, c'est ma fille, ma princesse, tu comprends. Ton neveu Richie Bianco a enlevé ma fille Zoé. Fais quelque chose s'il vous plaît, s'il touche un cheveu de ma fille, je ne sais pas ce que je vais lui faire.

— Ah la vache! C'est ta fille. Le travail est déjà commencé. Cet enfant de malheur n'écoute rien. Je fais un appel et je te rappelle à l'hôtel.

— Merci.

Ils attendaient avec impatience. Les minutes étaient longues et Johannie regrettait d'être si loin de ses enfants. Le voyage de retour serait long et pénible après une telle histoire. Elle se mit à pleurer à chaudes larmes.

— Frédérick, pourvu qu'il ne lui ait pas déjà fait du mal.

— Non ne t'en fait pas trop. Lorenzo va arranger les choses très vite et s'il a touché à Zoé, Lorenzo le fera payer pour ce qu'il a fait. C'est lui qui les fait vivre à Vancouver alors c'est lui qui mène la barque.

— Est-ce que tu rappelles que Zoé nous a demandé si nous avions déjà vu une personne se faire arrêter avec plusieurs mille dollars de drogue et s'en sortir avec seulement possession et vente.

La redoutable Zoé Mezzo, éperdue devant la
défaite…et l'amour

— Oui je me rappelle. Ce devrait être cette cause
et nous, nous aurions dû tout de suite y penser.

On l'avertit qu'un appel lui était transféré.

— Frédérick, je suis vraiment désolé. Je voulais
t'assurer que ta fille était déjà sur le chemin du
retour pour chez elle.
— Ah! merci Lorenzo. Je vais aviser Zoé de ne
plus travailler sur cette cause et j'aimerais bien que
ce Richie vienne me voir la prochaine fois s'il a un
problème avec une cause que l'ont plaident.
— Tu n'auras plus de problème avec Richie. Je
le fais revenir ici et il va devoir travailler
étroitement avec moi pour que je le surveille. Il est
trop gâté cet enfant.
— Merci encore.

Johannie et Frédérick téléphonèrent à Michaël.

— Bonjour papa, ont voulaient vous dire que
nous avons réussi à rejoindre Richie, nous sommes
en négociation avec lui. Nous le rencontrons cet
après-midi à 13h00.
— Ah! Ah! Ah! les enfants allez vite chez Zoé,
car elle est en chemin pour chez-elle. On m'a aussi

assuré que Richie reviendrait travailler ici,
directement avec son oncle qui va le tenir en laisse.

— Déjà! avec qui as-tu parlé pour faire cela si
vite?

— Je vous explique à mon retour. Qui est
demain.

— Vous écourtez votre voyage.

Johannie prit la parole très fâchée.

— Tu nous demandes vraiment cette question
stupide. Apportez Zoé à la maison et nous voulons
qu'elle ne soit pas seule une minute jusqu'à ce que
nous soyons arrivées.

— Oui maman. Amélia pourrait rester avec elle.

— Très bien pour Amélia, mais aussi l'un de
vous en permanence.

Après que Richie eu pris l'appel sur son
cellulaire, il était enragé. Il jurait en Italien. La seule
qui comprenait ce qu'il disait était Zoé. Il la traitait
de tous les noms possibles en Italien.

— Détachez-la et ramenez-la chez elle.

— Il la regarda dans les yeux et lui dit.

La redoutable Zoé Mezzo, éperdue devant la défaite…et l'amour

— Me lo pagherai, anche se hai del sangue italiano.

Nicholas ne comprenait pas, mais il fît signe à son père d'aller à la voiture et détacha Zoé.

— Viens. Je te ramène chez toi.

Zoé ne répondait pas. Nicholas la prit par le coudre pour l'amener à l'auto, mais elle se dégagea avec violence. Elle prit place à l'arrière de l'auto et demanda au père de Nicholas de s'assoir à l'avant qu'elle devait s'étendre à l'arrière. Elle ne voulait tout simplement pas s'assoir à côté de Nicholas. Nicholas s'en voulait, elle avait reçu plusieurs coups au visage et elle avait un oeil qui devenait noir.

Je ne sais pas ce qui c'est passé, mais Richie n'avait pas l'ère content. Il parlait en Italien c'est ça?

— Oui, il a dit ''Tu me le paieras, même si tu as du sang italien''. Mon père est Italien. Il a dû arranger les choses si mes frères l'on avertit.

— Zoé…je dois t'expliquer pour ce qui est arrivé.

— Ferme-toi enfoiré.

— Zoé, ce n'est pas la faute de Nicholas, c'est la mienne. C'est pour payer ma dette qu'il a dû travailler pour Richie. Lui rendre un petit service.

— Vous osez appeler cela un petit service. En plus il a osé m'utiliser sexuellement avant de m'enlever.

— Non, désolé je me suis mal exprimé. C'est Richie qui avait utilisé ce terme pour payer ma dette.

— Zoé, je voudrais que tu me pardonnes. Tu ne me reverras plus, mon père et moi nous partons vivre ailleurs pour refaire notre vie.

— Tant mieux.

Il débarqua Zoé chez-elle et vît qu'elle avait un comité d'accueil qui l'attendait. Ses frères étaient tous là. Il repartit aussi vite après l'avoir débarqué pour ne pas avoir à répondre à ses frères.

— Zoé, Amélia a fait une valise pour toi et nous allons tous chez les parents jusqu'à ce qu'ils arrivent.

La redoutable Zoé Mezzo, éperdue devant la défaite…et l'amour

— Pauvre toi, ils ne t'ont pas manqué. Je crois que tu vas avoir un oeil au beurre noir.

— Comment êtes-vous entré chez moi?

— Tu te rappelles tu m'as donné une clé quand tu as emménagé.

— Ah Zack! mais oui je me rappelle. Mais je voudrais aller chez moi et prendre un bon bain chaud. Aussi rester seul, j'ai besoin de repos.

— Non, les parents étaient particulièrement très, très fâchés parce que nous ne les avions pas avertis, alors il est recommandé de suivre à la lettre ce qu'ils nous ont demandé. Je n'ai jamais entendu maman et papa si fâché contre nous.

— Oh! Ça ne regarde pas bien pour moi ça.

— Aucune idée soeurette.

— Ogan, je t'ai déjà dit que je ne suis pas ta soeurette, mais ton aîné.

— Oui, mais j'aime bien t'appeler comme ça. Viens dans mon auto et Amélia va s'assoir avec toi à l'arrière. Zack aussi embarque avec nous.

— J'aimerais bien que Zack s'assoie avec moi à l'arrière.

Zack et Zoé étaient jumeaux et Zoé avait besoin de lui en ce moment. Elle trouva un certain réconfort en appuyant sa tête sur son épaule.

— Tu sais que tu m'as fait très peur. Je ne sais pas ce que je ferais s'il fallait que je te perde. Est-ce que tu savais que le client était relié à Richie.

— Oui, je l'avais découvert il n'y a pas si longtemps. C'est ma faute, j'ai essayé de trouver des choses sur Richie.

— T'aurais pas dû faire cela. Surtout sans m'en parler.

— Désolé.

— Je ne comprends pas que c'est Nicholas qui t'a ramené.

— Il travaillait pour Richie pour payer une dette de son père. Il m'a dit que maintenant que cela était fait, ils vont partir lui et son père pour refaire leur vie ailleurs.

— Tu sais ce que j'ai fait pour tuer le temps.

— Non

— J'ai téléphoné à un de mes amis. Il est détective. Je l'ai engagé pour te protéger jusqu'à ce que nous sachions que Richie est bien reparti en Italie.

— Il doit repartir en Italie.

— Oui. Papa va nous expliquer.

— Je ne veux pas de détective sur mes talons, je n'en ai pas besoin.

— Regarde ce qui t'est arrivé. Tu n'as pas de choix, sinon c'est moi qui vais toujours être en ta compagnie.

J'aimerais mieux cela.

— Impossible. Nous allons le rencontrer quand tu retourneras chez toi.

La redoutable Zoé Mezzo, éperdue devant la défaite…et l'amour

— Tu ne me laisses pas de choix.

— Non et je ne crois pas que nos parents vont t'en laisser non plus.

Quand ils arrivèrent chez Johannie et Frédérick, il y avait une voiture de stationnée. Ils étaient tous septiques. Michaël débarqua de sa voiture pour aller à la rencontre de l'homme qui en sortait.

— Puis-je vous aider.

— Je suis médecin. Mme Mezzo m'a téléphoné pour que je passe de toute urgence pour évaluer l'état de Zoé Mezzo.

— Haaaa! Je vais bien, vous pouvez repartir.

— Non, non. Venez, nous allons entrer et vous pourrez l'examiner dans sa chambre.

Ils entrèrent dans la maison, s'installèrent au salon tandis qu'Amélia s'offrit pour faire du thé.

— Hé bien! moi, ce n'est pas de thé ma chérie que j'ai besoin. Je vais plutôt me diriger vers le bar de mon père.

Tous ses frères le suivirent, décrétant qu'ils

devaient en boire avant que leur père entre à la maison. Amélia fit un thé pour elle et Zoé. Michael présenta le médecin.

— Non c'est pas vrai. J'ai reçu quelques tapes au visage, mais c'est tout.

— Écoute Zoé, les parents sont en rogne comme on ne les a jamais vus. Même moi, je n'ai pas hâte de les voir arriver. Je suis le plus vieux, alors qui croyez-vous qui sera le plus blâmé….Moi. Alors, ne discute pas et fait ce que les parents ont demandé.

— Très bien, suivez-moi, nous allons allez dans une des chambres d'invitée.

— Tu veux que j'aille avec toi Zoé.

— Non Zack, je préfèrerais qu'Amélia vienne avec moi.

Zoé était effectivement pour avoir un oeil au beurre noir. Ses poignets et ses chevilles étaient lacérés par les cordes qui l'avaient tenu attaché. Il n'y avait aucun dommage qui n'était pour paraître dans quelques jours. Le médecin redescendit et demanda à pouvoir téléphoner à Johannie et Frédérick à leur demande. Michael décida de faire une téléconférence pour que tous puissent entendre.

— Bonjour.

La redoutable Zoé Mezzo, éperdue devant la défaite…et l'amour

— Bonjour maman, je vais très bien. Je suis chez toi.

— Ah! merci mon dieu. Qu'as-tu fait pour arriver à ça mon enfant.

— Hum, je crois que j'ai fait une erreur.

Zoé grimacait en disant cela, car elle savait très bien que cela avait été une grosse erreur. Le médecin fit son compte rendu devant tous les regards attentifs. Ensuite ils retournèrent au salon pour discuter des manières de pouvoir se protéger l'un entre l'autre. Ils voulaient s'assurer qu'une chose pareille ne puisse pas se reproduire dans leur famille. À l'arrivée de Johannie et Frédérick, Zoé raconta en détail ce qui lui était arrivé. Michaël détailla les actions entre eux qu'ils étaient pour prendre pour pouvoir se protéger contre de tels actes. Chaque fois qu'ils auraient une cause de drogue, acte de violence ou meurtre, ils seraient dans l'obligation de l'apporter en réunion de famille.

— Bon, au moins vous avez pris de bonnes résolutions. Et toi Zack, tu voulais ajouter quelque chose à cela.

— Oui, moi j'ai engagé un détective, c'est un de mes amis. Il va veiller sur Zoé jusqu'à ce que nous soyons certains que Richie est parti et que personne d'autre dans son groupe n'a été engagé pour faire payer Zoé après le départ de Richie.

Zoé fulminait dans son coin, elle lançait des éclairs à Zack, étant ses jumeaux il était le mieux placé pour le savoir, même sans la regarder.

— Zack j'avais bien mentionné que je ne voulais pas avoir quelqu'un qui surveille mes allés et venus constamment.

— Zoé, ta maison est grande, tu lui laisseras une chambre. Je crois qu'il sera préférable que ce détective privé habite chez toi pendant toute la période de risque. Tu en as assez pris pour l'instant. Tu ne crois pas?

— Oui papa, mais….

— Pas de maïs Zoé. Tu dois payer l'erreur que tu as faite. Ta mère et moi te voulons en vie et rien d'autre.

Rien ne sera de trop pour cela.

— Très bien.

— Zack, quand va-t-il commencer?

— Il est prêt. Aussitôt que Zoé veut retourner chez elle.

— Il ne faut pas attendre. Avise-le qu'il peut commencer ce soir même. Ici aussi il y a assez de

chambres pour le loger et je veux qu'il ne lâche pas
Zoé d'une semelle.

— Alors, il va commencer ce soir.

Zack osa lancer un regard vers Zoé.
Silencieusement il lui disait…désolé.

Emmanuël fit un signe à Zack qui signifiait qu'il
était un homme mort, Zoé était pour lui faire la
peau.

— Alors, si je dois avoir ce chien de garde à mon
derrière, je vais retourner chez moi ce soir.

— Demain Zoé, il est déjà trop tard et j'aimerais
soigné ton oeil pour ce soir.

— Maman, mes frères m'ont déjà obligé à mettre
de la glace, un steak, un concombre…

— Un concombre!

— Ça, c'était l'idée d'Ogan.

Johannie faisait signe que non avec sa tête et elle
riait de bon coeur.

— Ogan, tu me surprendras toujours.

— Non, mais on voit ça dans les films.

— Pour des massages Ogan, pas pour un oeil au beurre noir.

Amélia riait.

— Je lui ai dit Johannie et il n'a rien voulu m'écouter.

Toute la famille riait joyeusement. Ogan aimait voir la femme de sa vie et sa mère rirent et comploter ensemble. Pas vraiment pour se payer sa tête, mais cela réchauffait l'atmosphère glaciale qui régnait depuis l'enlèvement de Zoé.

Une heure plus tard, on sonna à la porte. Zack alla répondre, il savait que c'était probablement Ted.

— Bonsoir Ted, content de te revoir.

— Moi aussi Zack, ça fait si longtemps.

— Laisse ta valise là et vient au salon, je vais te présenter à ma famille.

— Bien.

La redoutable Zoé Mezzo, éperdue devant la défaite…et l'amour

Ils passèrent au salon où les présentations étaient faites. Frédérick posa beaucoup de questions à Ted pour s'assurer lui-même de la sécurité de sa fille. Zack lui montra sa chambre.

— C'est la chambre d'un adolescent que tu me donnes là.

— Défendu de rire. C'était ma chambre à moi. Si je te donne celle-ci au lieu de celle d'invités, c'est quelle est à côté de celle de Zoé. Prends-en soin comme la prunelle de tes yeux, car elle est ma jumelle et s'il lui arrivait quelque chose, je crois que j'en mourrais.

— Ne t'inquiète pas. Du montant que tu me paies, je ne la lâcherai pas d'une semelle.

— Oui, mais n'oublie pas ce que je t'ai dit. Elle est très, très rusée.

— Très belle aussi.

— Non, non, pas touche. Aucune distraction comprise.

— Oui, cesse de t'inquiéter.

Zoé se refusait de parler à Ted, elle l'ignorait totalement. Elle qui avait toujours été si solitaire, avoir ce chien de garde sur les talons était pour être un vrai enfer. Combien de jours ce demandait-elle.

Le lendemain ils allèrent chez elle. Elle ne lui montra même pas la chambre où il devait s'installer. Il décida qu'il prendrait celle en face de la sienne. Il y déposa sa valise et fît le tour de la maison en dedans et en dehors. Il avait engagé trois équipes de deux hommes qui se relayaient pour surveiller l'extérieur de la maison et ce vingt-quatre heures par jour. Il leur donna ses ordres et entra de nouveau dans la maison pour essayer de discuter avec Zoé.

— Zoé, je sais que tu n'étais pas d'accord avec cela, mais je ne fais que mon travail. Est-ce que c'est bien avec toi si j'ai pris la chambre d'en face de la tienne?

— Fais ce que tu veux, mais ne me dérange pas.

— Tu sais, les journées vont être très longues et pénibles si nous ne nous parlons pas.

— Pas pour moi, je vais juste être très encombré de ta présence.

— Ouf! Féroce avec ça. Comme tu le veux.

Déjà deux mois avaient passé et Zoé refusait toujours d'adresser la parole à Ted. Soudainement elle ne le voyait nulle part dans la maison et aucun remplaçant cette fois-ci. Elle en refit le tour... rien.

La redoutable Zoé Mezzo, éperdue devant la défaite…et l'amour

— Enfin, il est parti. Ah! Je vais prendre une douche et relaxer seule dans ma maison.

— Elle alla mettre de la musique à tue-tête et chanta sous la douche. Son moment préféré. Elle avait bien manqué cette période de relaxation. Elle sortit de la salle de bain enveloppée dans son drap de bain et fit face à Ted. Elle eut si peur que son drap de bain qu'elle était en train de fixer tomba à ses pieds. Elle le ramassa à la vitesse de l'éclair. Tout comme ses yeux lançaient à Ted, des éclairs qui en disaient long. Ted se retourna, mais tous ses sens s'étaient déjà allumés. Elle était si belle, une beauté pareille ne devrait pas exister, c'était un péché.

— Désolé Zoé, je…je…je ne voulais pas te faire peur.

— Que fais-tu là, j'avais barré la porte que je te ferais remarquer, tu n'avais pas barré quand tu es parti et tu dis me protéger.

— J'étais derrière la porte, je parlais à mes hommes.

— Merde. Et je n'ai pas eu peur, j'ai seulement été surprise.

— Désolé.

— Comment es-tu entré?

— J'ai la clé.

— Je ne me rappelle pas t'avoir donné la clé.

— C'est Zack qui me la fournit, car tu refusais de me parler. Alors je ne croyais pas que tu me donnerais la clé et il était indispensable que je l'aie.

— L'enfoiré, il va me le payer.

Zoé était si fâchée, elle réalisa qu'elle discutait toujours avec lui, mais qu'elle était encore dans son drap de bain. Elle alla s'habiller et téléphona à Zack pour lui r'apporter sa clé. Celui-ci n'en fit rien. Il décida d'attendre qu'elle se soit calmée pour lui faire comprendre que c'était nécessaire que Ted ait la clé.

Zoé n'était pas encore retournée au travail, c'est son père qui s'était occupé de parler au juge pour se dissocier du dossier relié à Richie. Pour ses autres dossiers, sa famille s'en occupait.

Elle décida que si elle partait en voyage, cela lui ferait du bien. Elle voulait être seule. Depuis qu'elle avait échappé son drap de bain devant Ted, le regard qu'il avait eu l'avait enflammé. Elle commençait à avoir des idées, elle devait se défouler un peu, sortir de chez elle. Elle se refusait à sortir avec Ted à ses côtés et de coucher avec le copain de son frère encore pire. Comment pouvait-elle trouver

quelqu'un pour se défouler sexuellement si elle
l'avait toujours avec elle…impossible. Elle ne
trouverait personne pour faire l'amour avec lui dans
les parages.

Elle pensait souvent à Nicholas. Elle l'aimait
bien, c'était désolant qu'il ait été mêlé à ça. Il
n'était pas méchant, il avait fait cela pour son père.
Peut-être que si elle le joignait, elle pourrait partir
en voyage avec lui. Quelle idée, impossible, sa
famille ne comprendrait pas. Elle décida de
continuer ses recherches pour retrouver son oncle
Miki pour passer le temps. Elle trouva des
informations pertinentes et fît quelques appels. Tous
ceux qu'elle avait joints par téléphone l'avaient
connu, lui parlait de lui en bien. Il semblait un
homme très bon, toujours présent pour aider son
prochain. Elle l'aimait déjà sans le connaître.

Elle décida qu'il était vraiment temps de sortir de
chez elle et qu'elle était pour aller enquêter sur
place. Elle réserva son voyage pour le dernier
endroit où il avait vécu…l'Afrique du Sud. Il était
temps d'aviser ses parents de son voyage. Elle alla
les voir au bureau, car elle partait dans deux jours et
avait beaucoup de préparation à faire.

— Bonjour Papa, maman est là aussi.

— Bonjour chérie, tu reviens au travail ou tu nous visites. Maman est dans la cuisine.

— Très bien j'aimerais vous parler à tous les deux.

— Bonjour Ted.

— Bonjour M. Mezzo, je vais aller voir Zack. Tu peux me faire savoir quand tu seras prête à partir Zoé.

— Oui.

— Salut Zack.

— Hé! vous êtes ici. Zoé a-t-elle décidé de revenir au travail.

— Aucune idée, elle ne me parle toujours pas.

Il avait le sourire aux lèvres en disant cela. Il savait qu'elle avait une envie folle de lui parler, mais elle était très têtue comme Zack l'avait dit.

— C'est bien Zoé ça, mais elle est une charmante personne tu sais. Je crois que toute cette histoire là rendue mécontente, car elle est très perfectionniste. Je crois qu'elle ne nous en veut pas vraiment, pas autant qu'à elle-même.

— Oui, c'est aussi l'impression que j'ai. Elle est quand même respectueuse dans ses silences.

La redoutable Zoé Mezzo, éperdue devant la défaite…et l'amour

— Je devrais peut-être me cacher d'elle. Elle était si fâchée que je t'ai donné la clé de sa maison. Elle est toujours fâchée contre moi.

Zoé avisa ses parents de ses plans pour partir en voyage. Qu'elle avait déjà réservé son billet d'avion et qu'elle partait pour l'Afrique du Sud. Elle ne mentionna à personne la raison de son choix et de ses recherches entrepris pour trouver son oncle Miki. Elle se retrouva déjà devant la porte du bureau de Zack. Elle regarda son jumeau et ne comprenait pas ce qui lui arrivait, mais les larmes perlaient sur ses joues. Zack se leva pour la prendre dans ses bras et la serrer fort.

— Je suis désolé pour tout ce qui t'arrive Zoé. Tu sais, tu es la plus précieuse pour moi, je t'aime.
— Moi aussi Zack. Je voulais te dire que je pars en voyage pour l'Afrique du Sud.

Ted se leva d'un bond.

— En Afrique du Sud!

Les voyages n'étaient pas compris dans son contrat. Il regarda Zack, mais Zoé lui replaça les idées sans attendre.

— Toi tu ne viens pas.

— Zoé, papa a...

— Non

Ted reçut un appel. Il sortit du bureau pour le prendre en privé. C'était Frédérick qui l'avisait qu'il partait en voyage avec Zoé et que la clause de ne pas la lâcher d'une semelle tenait toujours. Il retourna dans le bureau de Zack où Zoé y était toujours. Il les regarda tour à tour. Il savait, elle allait exploser.

— Votre père est sur le point de me réserver un billet pour l'Afrique du Sud.

— Non, il ne me fait pas ça. Quand va t'il me ficher la paix.

— Il m'a dit qu'il annulait ton billet et en réservait un avec moi et pareille pour l'hôtel.

— Mais Richie est parti en Italie depuis un mois maintenant. Je n'en peux plus de me faire coller au derrière.

La redoutable Zoé Mezzo, éperdue devant la défaite…et l'amour

Zack partit d'un fou rire et se sauva.

— Oui va-t'en, tu vas me le payer.

— Désolé Zoé, mais c'est mon travail. Les vedettes vivent comme cela toute leur vie.

— Suis-je une vedette moi? Non.

— Pour moi oui. Une très belle vedette.

Zoé se dirigea pour la porte sans parler à personne à l'exception de son père.

— Merci papa, tu es trop gentil.

Zack partit derrière eux et se rendit chez Zoé.

— Que fais-tu ici?

— Pourquoi l'Afrique du Sud Zoé dis-moi, ne joue pas encore à un jeu qui peut te coûter. Que vas-tu faire en Afrique du Sud? N'essaie plus de me berner.

— Ah! Tu m'exaspères. Viens t'assoir je vais t'en parler.

— Viens Ted, suffit que tu vas avec elle, tu dois être au courant.

— Il n'a strictement rien à voir là-dedans.

— Ted, tu veux nous laisser seuls une minute.

— Oui, je vais aller dehors avec mes hommes.

— Zoé, premièrement, arrête de le mal traiter, il est un homme et fait son travail. En plus, c'est mon ami. Deuxièmement, tu as tendance à oublier que je ressens beaucoup de choses que tu vis. Je ne sais pas pourquoi, c'est surement parce que tu es ma jumelle, mais c'est comme ça.

Elle alla se nicher dans les bras de son frère. Il mit sa tête sur son épaule.

— Je comprends, moi aussi c'est pareille.

— Écoute Zoé, tu persistes à ne pas être gentille avec Ted, mais n'oublies pas qu'il est mon meilleur ami.

— Pas le mien.

— Zoé, arrête ça avec moi. Je le sais que dans le fond de toi même, tu l'aimes bien.

— C'est vrai qu'il est respectueux. Mais c'est très dur d'avoir constamment un étranger, dans ta maison tu sais.

— Oui, mais si tu le considérais comme un coloc au lieu d'un détective ou un ami. Ça t'aiderait probablement.

— Tu sais ce qui m'est arrivé l'autre jour.

— Non

La redoutable Zoé Mezzo, éperdue devant la défaite…et l'amour

— Je croyais qu'il était parti. Je ne le trouvais nulle part dans la maison. Alors j'ai barré ma porte, j'ai mis en marche ma musique et je suis allée chanter dans la douche.

— Ah! tu fais encore ça. Dieu merci que tu vis seule. Pauvre Ted.

— Je n'avais pas l'intention de faire cela devant Ted justement. Mais à cause de toi, d'avoir donné ma clé sans me le dire, je me croyais en sécurité, je veux dire seule.

— Je ne sais plus quoi dire, mais ce n'est pas si grave s'il t'a entendu chanter. Nous y avons bien survécu nous.

— Ce n'est pas ça imbécile. J'ai fait un face à face avec lui et cela m'a fait sursauter, car je ne m'attendais pas à rencontre personne. Le problème c'est que j'étais en train de r'ajuster mon drap de bain……

— Wow, arrête. Je ne veux pas savoir le reste. Je t'aime, je ressens beaucoup de choses, mais pas ça, alors ferme là.

Zack se bloqua les deux oreilles avec les mains. Zoé prit ses deux mains dans les siennes et l'obligea à écouter.

— C'est bien toi qui lui as donné ma clé sans mon consentement. Alors, écoute le reste.

— Zoé, tu es une diablesse.

— Je continue…alors j'ai perdu mon drap de bain… tout ça par ta faute.

— Discussion terminée. Je vais chercher Ted pour que tu nous dises pourquoi tu vas en Afrique du Sud.

Il alla retrouver Ted dehors, il avait besoin d'air. Mais aussitôt qu'il le rejoignit, il n'arrivait pas à le regarder sans penser à l'histoire que Zoé venait de lui dire. Elle avait fait exprès, il en était sûr. Mais est-ce que c'était vrai ou voulait-elle seulement lui faire payer son erreur.

— Bon Ted, tu peux venir nous avons fini de discuter. Zoé va maintenant nous informer sur son voyage.

— Bien, elle t'en a parlé.

— Non, elle m'a parlé d'autre chose. Un peu plus cocasse…que je me serais passé de savoir. C'était à propos de toi et elle.

— Oh!

— Oh?

— L'histoire de la clé que tu m'as donnée.

— Je crois que c'est un peu plus que cela. En plus je voulais me bloquer les oreilles pour ne pas entendre la fin, mais elle m'y a obligé. Est-ce qu'il c'est passé autre chose Ted?

La redoutable Zoé Mezzo, éperdue devant la défaite…et l'amour

— Non. Quand c'est arrivé, je me suis retourné très vite…mais j'ai vu…un ange avec un corps de déesse. Ça ma valu une bonne douche très froide.

— Ah ferme-la! et n'utilise jamais ma soeur pour une histoire d'un soir, ou pour lui briser le coeur ou pour n'importe quoi! Entrons.

— Zack attend. Tu me blesses là, tu crois que je ne suis pas assez bon pour ta soeur ou quoi. Tu peux m'expliquer pourquoi et en passant, je crois que Zoé n'est pas beaucoup le style d'une histoire d'un soir et moi non plus d'ailleurs.

— Non, ce n'est pas ça. Désolé, mais je sais que tu ne restes jamais plus de quelques mois avec tes conquêtes et je ne veux pas sentir que Zoé est blessée. Si jamais tu vois que cela peut aller en ce sens, parle-moi avant.

— Zack, tu as vingt-sept ans. Tu demandes à la famille toi pour pouvoir faire l'amour avec une femme que tu aimes bien.

— Non. Mais Zoé est ma jumelle. Je ressens et j'ai toujours ressenti le besoin de la protéger.

— Dans la vie Zack, même avec ceux qu'on aime, on doit apprendre à les laisser aller de leurs propres ailes.

— Entrons!

— Alors Zoé, pourquoi vas-tu en Afrique du Sud.

— Tu sais quand nous étions tous dans la chambre de maternité après l'accouchement d'Amélia. Papa a eu une drôle de réaction, comme un malaise que j'ai vu passé en lui quand Ogan a mentionné le nom du bébé, Carlo. Maman aussi l'a vu, ils se sont regardés et papa a fait un signe à maman, comme pour dire qu'il allait bien ou de ne pas parler. Alors j'ai demandé à maman plus tard qu'est-ce qui s'était passé.

— Il n'était pas bien.

— Non, c'était plus une peine. Maman m'a expliqué que quand il habitait encore chez ses parents, papa avait deux autres frères que nous n'avons jamais entendu parler ou vus. L'un d'eux s'appelait Carlo et l'autre Miki.

— Quoi! pourquoi n'avons-nous jamais rien su?

— Pour commencer, Miki est un diminutif de Michaël. Un soir, les deux étaient sortis. Carlo était parti travailler et Miki était sorti avec ses amis. Il y eut un accident et la voiture de Miki a frappé celle de Carlo. Carlo est mort, Miki est resté pour assister à l'enterrement et ensuite il est parti et personne ne l'a jamais revu.

Ted blanchissait à vu d'oeil. Mais ni Zoé, ni Zack ne s'en rendirent compte tellement ils étaient épris par l'histoire de Zoé.

— Wow, quelle histoire, c'est terrible?

— Oui. Maman me disait que ce n'était pas la faute de Miki, car c'est Carlo qui a percuté sa voiture et la température était terrible ce soir-là.

— J'imagine très bien que tu as fait des recherches et que tu as déjà ta petite idée.

La redoutable Zoé Mezzo, éperdue devant la défaite…et l'amour

— Ce que je sais, c'est qu'il se déplace souvent. Il reste au maximum deux ans au même endroit. Ensuite il change de ville, de province ou de pays. La dernière trace que j'ai de lui, c'est en Afrique du Sud. J'y vais, car maman disait que papa l'avait recherché pendant des années sans jamais trouvé aucune trace de lui.

— Si jamais tu nous le ramenais, papa serait tellement content.

— Oui, cela lui ferait le plus grand des plaisirs. Il me pardonnerait peut-être et je pourrais me débarrasser…

— Zoé, nous avons discuté de cela.

— Oui désolé. Tu veux un thé.

— Oui.

— Et toi Ted?

— Si cela ne te dérange pas Zoé, je prendrais plutôt un Grand Marinier.

— Finalement ils optèrent tous pour un Grand Marinier.

— Zack

— Oui Zoé

— Pourquoi ne viendrais-tu pas avec nous.

— Moi en Afrique…hum pas sure. Je vais y penser.

Zack pensait qu'il aimerait bien être du voyage, mais il sentait que quelque chose se développait entre sa soeur et son meilleur ami et que s'il était du voyage avec eux, que cela empêcherait peut-être la connections entre eux. Il ne le dit pas à Ted, mais il aurait bien aimé que la connexion passe entre eux.

— Ah Zoé! je vais vous laissez y aller Ted et toi. Mais je ne dis pas que je n'irai pas vous rejoindre. J'aimerais que tu me téléphones ou me texte ce que tu trouves et si possible assez souvent.

— Très bien.

— Je dois vous laisser. Je suis sure que vous avez beaucoup de préparations à faire si vous partez dans deux jours.

— Bon, moi je vais prendre une douche et ensuite nous pourrions peut-être nous assoir pour vérifier ce que nous avons à faire Ted.

— Bonne idée. Je vais aussi aller prendre une douche et nous nous retrouvons ici dans trente minutes.

— Parfait.

Ils partirent chacun dans leur salle de bain respective pour prendre leur douche après avoir dit au revoir à Zack. Zoé entra dans la douche avant Ted qui avait un appel à faire pour vérifier avec ses hommes que le changement de chiffre était fait.

Ted alla prendre sa douche, mais ce qu'il ne

savait pas, c'est qu'il avait coupé l'eau chaude pour
Zoé.

— Non, ce n'est pas vrai…merde ho, ho c'est
froid.

Elle sortit de sa douche avec les cheveux toujours
savonnés. Elle était enragée de s'être fait couper
l'eau chaude par Ted. Elle s'enroula dans son drap
de bain et alla frapper à la porte de la salle de bain
de Ted. Il ne répondait pas, il n'entendait pas…
monsieur chantait aussi dans sa douche. Elle décida
d'essayer la poignée. La porte s'entrouvre. Elle
resta de marbre. Pourtant elle avait déjà vu un
homme nu, mais lui, il l'enflamma. Elle avait peut-
être sauté sur l'occasion, elle savait qu'il lui plaisait.

Il se retourna et la vit, bouche bée. Il ne pouvait
décoller ses yeux des siens. Après un moment, il se
dégagea de la douche pour prendre une serviette.
Mais ses yeux étaient toujours rivés au sien.

Zoé comprenait l'erreur qu'elle venait de faire,
mais elle ne voulait plus partir. Elle le voulait, elle.

Ils ne dirent pas un mot, leurs corps parlaient pour eux. Ted s'avança, lui prit la nuque et l'embrassa tendrement. Après un moment, il fît un pas en arrière et la regarda, comme pour avoir son approbation.

— Que fais-tu là?

— C'est à toi que je devrais demander cela.

— Non je veux dire, que fais-tu dans ma salle de bain?

— Tu m'as coupé l'eau chaude, je n'ai pas eu de choix, regarde ma tête. J'étais fâchée et je suis venue t'engueuler. Je suis remplie de savon.

— Hum, je vais devoir arranger ça.

— Oui, que vas-tu faire.

— Je crois que je vais devoir t'amener dans ma douche et que je vais te rincer moi-même pour me faire pardonner.

— Oui, je crois.

Ils entrèrent dans la douche et firent l'amour passionnément. Ils découvraient leur corps encore et encore jusqu'au lever du soleil.

La redoutable Zoé Mezzo, éperdue devant la défaite…et l'amour

— Je vais descendre nous chercher du jus d'orange et des croissants.

— Ted, qu'avons-nous fait.

— L'amour…comme je ne l'avais jamais fait avec aucune autre femme.

— Moi aussi…j'ai aimé.

— Tu sais Zoé, ça fait longtemps que j'en ressentais le besoin, mais je n'osais pas faire les premiers pas, car je travaille pour toi.

— Non, tu travailles pour mon frère.

— Ah! ton frère ne m'a jamais payé. Il m'a engagé, mais c'est ton père qui a tenu à me payer ainsi que tous mes frais.

— N'en dis pas plus. Va chercher les déjeuners.

— Oui. Tu sais, maintenant je vais me sentir mal à l'aise de me faire payer pour te faire l'amour.

Zoé mit sa tête dans l'oreille et se mit à rire comme une enfant. Elle se sentait très fatiguée ce matin, mais très heureuse. Cela faisait longtemps, trop longtemps qu'elle ne s'était pas sentie si bien.

Deux jours plus tard, ils partirent pour l'Afrique du Sud. Ils n'avaient pas arrêté de faire l'amour entre les préparations du voyage.

Le premier message texte qu'elle laissa à Zack quand elle était dans l'avion fût ''enfoiré, tu savais que j'étais pour lui tomber dans les bras…je crois que je suis en amour… c'est de ta faute tout ça''. Il lui renvoya une réponse immédiate ''je t'aime soeurette. Bon voyage à vous deux''.

Ils arrivèrent à Cape town en Afrique du Sud où ils rencontrèrent beaucoup de gens qui avaient connu son oncle Miki. Tous s'accordèrent à dire que cet homme avait le coeur sur la main. Il était très généreux et bon.

De Cape town en Afrique du Sud, d'après les renseignements qu'ils avaient reçus, ils se rendirent à Melbourne en Australie pour ensuite se rentrent à Sydney en Australie. Ils avaient plus de problèmes à trouver des gens pour les renseigner dans le cartier où avait habité son oncle et où il avait travaillé. Le gérant du dernier emploi qu'il avait fait disait qu'il avait un bon ami qui venait à l'occasion le voir au travail et qu'ils prenaient toujours des repas ensemble au restaurant d'en face. La serveuse du restaurant se rappelait bien de son oncle, mais qu'il ne venait plus, car il était déménagé. Elle ne savait pas où dans quelle ville et que l'autre homme qui l'accompagnait n'était pas passé depuis environ

La redoutable Zoé Mezzo, éperdue devant la
défaite…et l'amour

deux semaines.

Zoé lui laissa sa carte avec son numéro de
cellulaire pour qu'elle puisse lui téléphoner si elle
voyait l'ami de son oncle revenir au restaurant.

— Nous allons devoir attendre.
— Oui, mais combien de temps. Et s'il ne
repassait jamais au restaurant.
— Tu es déçu. Il fallait bien s'attendre à cela à
un moment où un autre. Je crois que tu as mis
beaucoup de temps, d'effort et de coeur dans ce
projet que nous devrions attendre un peu. Cela en
vaut peut-être la peine.
— Oui, tu as raison. Nous avons tout pour nous
amuser et visiter ici, alors profitons-en et le temps
passera plus vite.
— Bien d'accord, on commence par la chambre
d'hôtel.
— Toi, tu es insatiable.

Pendant les deux semaines qui suivirent, ils
passèrent au restaurent pour s'assurer que la
serveuse ne les oublis pas.

— Bonjour, toujours rien pour moi.

— Oui, justement j'étais sur le point de vous appeler. Il vient d'entrer, c'est lui qui est assis près de la fenêtre.

— Oh! merci.

Zoé était tellement contente. Elle espérait qu'il pourrait l'aider et que ce n'était pas pour être la fin.

— Viens, nous allons aller le voir.

— Ted, rassure-moi et dis-moi que ce ne sera pas la fin. Qu'il va pouvoir nous aider.

— Mais oui mon bébé, ne t'en fait pas. Il a forcément quelques informations pour nous puisqu'il était son meilleur ami. Qui sait, il communique peut-être encore.

— Bonjour monsieur, pouvons-nous nous assoir avec vous. J'aimerais vous poser quelques questions concernant mon oncle, Miki Mezzo.

— Miki, mais oui ma chère. Comme puis-je vous aidez?

Il leur apprit que Miki travaillait en face, mais qu'il était reparti pour une expédition sur les Îles Fidji pour l'aide humanitaire. Aussi, que cela lui était arrivé souvent de partir pour aider les autres!

La redoutable Zoé Mezzo, éperdue devant la défaite…et l'amour

Ils partirent donc pour les îles Fidji, pour l'aéroport de Savusavu plus exactement et ils avaient réservé à Koro Sun Resort.

— Tu te rends compte qu'il y a trois cent vingt-deux îles appartenant aux îles Fidji.

— Ouf, on peut tourner en rond longtemps.

— Hum, au moins si ce sont de petits villages, cela sera plus facile.

— Tu te rends compte qu'il n'y a pas de place à l'hôtel que nous devrons réserver…une cabane.

— J'ai bien hâte de voir ce qu'ils appellent une cabane.

— C'était le paradis sur terre.

— Quel paradis. Je crois que je voudrais rester ici quelques jours, le paysage ici est si enchanteur.

— Bien d'accord avec toi. Moi qui n'étais jamais sorti du Canada, tu m'en as fait voir de toute les couleurs.

— Viens, nous allons allez au renseignement.

Ils avaient énormément de problèmes à se faire comprendre. Ils décidèrent de retourner à l'aéroport pour savoir s'il y avait une personne qu'ils pourraient engager pour pouvoir traduire la langue parlée, car Zoé cherchait à retrouver son oncle et elle n'avançait à rien de cette façon.

— Quel est le nom de votre oncle madame?

— Mike ou Michaël Mezzo.

— Madame, il travaille ici à l'aéroport.

— Ah quelle chance!

Zoé n'en croyait pas ses oreilles…enfin elle était pour voir son oncle. Elle était bouche bée. Ted prit la relève.

— Où exactement pourrions-nous le trouver?

— Monsieur, pas ici aujourd'hui.

— Demain.

— Non, après. Deux jours madame.

— Après demain.

— Oui madame.

— OK nous reviendrons après demain.

— Tu te rends compte, il travaille ici. Je ne sais même pas ce que je vais lui dire. Comment vais-je le convaincre de venir chez mes parents pour faire la surprise à mon père?

— Tu trouveras ma chérie. Retournons à l'hôtel… hum à la cabane plutôt.

— Oui, mais je l'appel le paradis maintenant.

Zoé ne put fermer l'oeil de la nuit. Elle était trop excitée à l'idée de voir son oncle qu'elle n'avait

jamais connu. Deux jours, soudainement très longs.
Ils en profitèrent pour faire le tour de l'île en bateau
qu'on leur avait offert. Ensuite pour le tuer le
temps, il ne restait plus que faire l'amour, se
prélasser sur la plage et se baigner. Deux jours plus
tard, ils se rendirent à l'aéroport pour essayer de
voir oncle Miki.

— Bonjour, nous voudrions voir Miki ou
Michaël Mezzo.

Tout à coup elle n'écoutait plus ce que l'homme
lui disait…elle le voyait. Il ressemblait tellement à
son père, les mêmes traits, les mêmes yeux d'un
noir éclatant. C'était bien lui, elle en était certaine.
Il s'avança vers elle.

— Bonjour, est-ce que je peux vous aider avec
quelque chose?
— Oui, vous êtes bien Miki Mezzo?

Miki resta surpris, car personne d'autre que sa
famille n'utilisait son surnom. Comment savait-elle
cela.

— Hum, oui. À qui est je l'honneur.

Zoé s'avança plus près de lui et lui sera la main et se présenta.

— Je m'appelle Zoé et voici mon ami Ted.
— Bonjour.
— Pourrions-nous trouver un endroit tranquille pour parler.
— Oui, venez.
— Bon nous allons nous assoir ici.
— Je vous ai dit que je m'appelais Zoé, et bien c'est Zoé Mezzo. Je suis la fille de Frédérick.

Miki se racla la gorge, ses yeux commençaient à piquer. Il toussota avant de pouvoir parler.

— Mon frère va bien j'espère.
— Oui, mes parents vont très bien et tout le monde va bien. Mais j'ai découvert il n'y a pas longtemps votre existence et j'ai décidé de me mettre à votre recherche sans que mes parents soient au courant.
— Je vois. Pourquoi vouliez-vous me retrouver si tous vont bien.

La redoutable Zoé Mezzo, éperdue devant la défaite…et l'amour

— Ça n'a aucun rapport avec la santé ou le bien-être. Maman m'a expliqué les conséquences de votre départ et la peine que mon père en a eue. Elle dit qu'il pense à vous souvent et que ses plus grands voeux sont de vous revoir un jour.

— Désolé, mais je dois retourner au travail. Mais je ne peux pas retourner dans cette famille après ce que je leur ai fait. Johannie a dû vous expliquer cela.

— Oui, mais vous leur avez fait beaucoup de peine, car au lieu de perdre un frère, il en a perdu deux.

Ted l'écoutait parler. Ces pensées partirent pour sa famille. Soudainement, après tant d'années, il voulait les revoir.

— Non désolé.

— Mais vous ne pouvez pas faire cela.

— Si je peux…vous êtes très belle, vous ressemblez beaucoup à votre mère.

— Merci

Miki partit reprendre son poste. Il ne croyait jamais que sa nièce viendrait jusque dans les îles Fidji pour le relancer. Il avait toujours suivi sa famille de loin. Il avait vu des photos de la famille de Frédérick. Il en était si fier. Certainement qu'il donnerait très cher pour revoir son frère et retourner enfin en Italie, mais avec la honte au coeur qui ne s'était jamais éteinte avec le temps.

Zoé et Ted retournèrent à la cabane. Ils allèrent s'étendre sur la plage. Zoé était dans ses pensées. Ted la prit dans ses bras pour la consoler. Il ne savait quoi lui dire pour la console de sa défaite. Elle décida de téléphoner à Zack.

— Zack, je l'ai retrouvé.
— Quoi, tu l'as retrouvé!
— Oui il travaille à l'aéroport de à Savusavu dans les îles Fidji. Il est douanier.
— Quand revenez-vous avec lui?
— Il est là le problème, il ne veut pas revenir. Il dit qu'il ne peut pas retourner dans cette famille après ce qu'il leur a fait.
— Bon, veux-tu que j'aille t'aider à le convaincre? T'as fini par me convaincre moi que c'était une très bonne idée.
— Oui, viens. Quand penses-tu pouvoir partir?
— N'importe quand.
— Alors fait tes réservations et r'appelle-moi. Ho! j'oubliais. Tu dois prendre ton billet d'avion pour l'aéroport de Suvasuva et ta cabane au Koro Sun Resort.

La redoutable Zoé Mezzo, éperdue devant la
défaite…et l'amour

Ted riait derrière elle.

— Cabane! Zoé, tu n'es pas drôle. Y'a des hôtels
partout, nous sommes en 2014 je te rappelle. Alors
ta petite farce ne fonctionne pas.

Zoé riait comme une folle. Elle lui affirmait que
cela était vrai. Après avoir r'accroché, Zack fît
quelques recherches sur l'internet. Il fit ses
réservations, cela semblait être de très belles
cabanes. Il partait le soir même pour un vol de nuit.
Il alla aviser ses parents de son départ.

— Je vais retrouver Zoé et Ted. Ils viennent de
me convaincre. Zoé veut tellement que j'aille les
rejoindre. Elle dit que c'est le paradis là bas et que
je dois absolument les rejoindre. J'espère que ce
n'est pas un problème pour vous.
— Non voyons, pourquoi cela serait un
problème. Profites-en mon fils.
— Merci. Bon je file, je dois parler à Emmanuël
et Michaël pour mes dossiers et Ogan pour autre
chose.

Zack alla trouver ses trois frères pour leur demander de venir dans la salle de conférences qu'il avait à leur parler immédiatement et que les parents ne devaient pas être à la réunion, car c'était à propos d'eux.

Tous se rendirent dans la salle de conférence et Zack prit la parole pour leur annoncer la bonne nouvelle.

— Zoé a retrouvé le frère de papa. Oncle Miki.

— De quoi parles-tu?

— Ah! Je croyais que c'était juste moi qui n'étais pas au courant, mais oui, de quoi parles-tu?

— Je croyais que vous étiez au courant. Zoé ne vous a pas mise au courant avant son départ dans ce cas là.

— Nonnnnnnn

— O.k. papa a un frère que nous ne connaissions pas.

Zack donna une version abrégée de l'histoire et promit de leur écrire un courriel dans l'avion. Il n'avait pas le temps de tout raconter pour l'instant et qu'il voulait se dépêcher pour ne pas que les parents sachent de quoi ils parlaient.

La redoutable Zoé Mezzo, éperdue devant la défaite…et l'amour

— Ce serait trop long pour l'instant et devinez quoi?

— Quoi d'autre!

— Je dois distribuer mes trois dossiers sur lesquels je travaille en ce moment.

— Moi je me sauve et je suis très content de ne pas être avocat.

— Très drôle toi, Tu es certain Zack que je ne devrais pas venir avec toi.

— Non Michaël…tu prends mes dossiers?

— Oui O.K.

Zack partit du bureau pour préparer ses bagages et prit l'avion pour se rendre à l'aéroport de Suvasuva. Zoé et Ted l'attendaient à l'aéroport à son arrivée. Le vol avait été très long.

— Zack, enfin.

— Bonjour vous deux. Avez-vous pût avancer?

— Non il est têtu, mais tu vas le voir, car il est là, ici.

— Ici, mais oui tu m'as dit qu'il était douanier. Tu crois qu'il va vouloir me rencontrer s'il est si réticent à revenir dans sa famille.

— Il n'a pas le choix, il travaille alors, tu as le droit d'aller… lui poser une question.

— Zoé, tu es très drôle toi. Où est-il?

— Regarde bien droit devant toi.

— Ha mon dieu! le portrait tout craché de papa.

— Oui.

— Qu'est-ce que je lui dis…je ne sais pas.

— Présente-toi, on verra pour la suite.

— O.k. vous venez avec moi.

— Oui, mais je crois qu'il commence à me trouver enquiquineuse.

— Bien pour ça, il a raison. Allez, venez avec moi.

Ils se dirigèrent tous les trois vers Miki. Il les repéra et fît de gros yeux à Zoé.

— Tu ne lâcheras donc jamais hein?

— Pour ça je peux vous répondre. Non, elle ne lâche jamais.

— Oncle Miki, j'aimerais vous présenter mon frère Zack.

— Bonjour Oncle Miki, c'est vraiment un très grand plaisir de vous rencontrer.

— Hum, moi aussi je suis très content de te rencontrer Zack. Tu es comme une apparition pour moi tellement tu ressembles aussi à ta mère toi.

— Attendez de voir Michaël, lui il est le portrait de papa.

La redoutable Zoé Mezzo, éperdue devant la défaite…et l'amour

— Michaël! Il a donné mon nom à un de ses enfants.

— Oui, c'est l'aîné. J'avais oublié de vous le dire, mais il y a aussi Emmanuël, ensuite c'est nous les jumeaux et Ogan le cadet.

— Mais non le moindre.

— Alors Zoé, si je comprends bien, si je ne vais pas voir ton père, tu es capable de me l'amener ici.

— Définitivement.

— Les enfants, je suis désolé, mais je dois travailler là et laissez-moi quelques jours pour réfléchir à tout ça.

— C'est bien, bonne journée.

Ils retournaient dans leurs cabanes et Zack alla s'enregistrer.

— Des cabanes oui!

— C'est comme cela qu'ils les appellent.

— Le paradis oui. Je vais m'installer.

Zack alla les retrouver par la suite.

— Zack tu veux venir visiter l'île.

— Pourquoi pas. Tu viens Zoé.

— Non je vous laisse aller et je reste ici pour prendre du soleil.

Trois jours plus tard, Miki vint à la cabane pour voir les enfants. Zoé l'accueillit avec un grand sourire. Miki lui fît un câlin et l'embrassa sur le front.

— Ah toi! Tu es la plus persévérante que je connaisse. Je pourrais juger que tu ne me lâcheras plus hein?

Zack et Ted partirent d'un rire fou.

— Vous ne pouvez pas si bien dire.

— Oncle Miki, il faut comprendre que je ne peux laisser mon père dans le mensonge. Maintenant que je vous ai retrouvé et que je sais où êtes…si vous ne venez pas à mon père, il viendra à vous.

— C'est bien ce que j'ai pensé. Maintenant que je suis à découvert. Mais comment faire face à ma famille après tant d'années.

— Ils vous aiment tous, j'en suis sure. Quand on aime, on ne doit pas regarder le temps perdu, mais bien le temps que nous pouvons profiter ensemble.

— Poète en plus Zoé.

La redoutable Zoé Mezzo, éperdue devant la défaite…et l'amour

Zack et Ted partirent de nouveau à rire. Zoé les fusillait du regard.

— Vous vous ressemblez tous comme vous deux chez vous.

— Non, nous sommes jumeaux, mais mes trois autres frères nous ressemblent un peu, ils ont plus le côté italien.

— Cinq enfante mon petit frère. Qui aurait cru. Parlez-moi d'eux un peu.

— Quand pouvez-vous partir Oncle Miki, on pourrait vous les faire rencontrer au lieu de parler d'eux. J'ai tellement hâte de vous partager avec mon père.

— Disons deux jours pour pouvoir m'organiser. Je dois trouver un entrepôt pour faire apporter mes choses près de chez vous et ensuite on verra où je m'installerai. Une chose est sure maintenant que tu es venue me chercher ma belle Zoé…je vais m'installer, y'a trop longtemps que je cours à travers le monde…je retourne chez moi, mais avant je crois que je vais profiter de mon petit frère et sa famille.

— Bien vu. Vous pouvez envoyer vos choses chez mes parents pour, disons une semaine après notre arrivée.

Ted dû prendre congé et se rendre à la salle de bain d'urgence. Il avait les larmes aux yeux en entendant l'oncle Miki dire ces paroles. Il se reprit et retourna près de Zoé.

— Deux jours! Hé bien! j'aurai au moins profité d'une semaine dans cet endroit de rêve. Je vais devoir revenir. C'est comme cela que je rêve de vivre, me réveiller à l'avant de la mer.

— Je te comprends, c'est vraiment merveilleux ici et les gens sont si gentils. Zoé, je n'ai pas grand-chose à faire envoyer, mais avec les années j'ai quand même amassé quelques beaux souvenirs.

— Sans problème, mes parents ont beaucoup de place pour vous recevoir et vous pourrez y habiter le temps que vous voudrez.

Tous se préparèrent pour le départ. Ted et Zoé avaient à discuter. Qu'adviendrait-il d'eux à leur retour à la maison?

— Zoé.

— Oui chéri.

— Nous devons discuter de nous et de notre retour dans ta famille.

— Que veux-tu dire. Nous sommes ensemble et nous restons ensemble. Je ne comprends pas. Tu prenais ce qu'il y a entre nous pour un amour de vacances ou quoi!

La redoutable Zoé Mezzo, éperdue devant la défaite…et l'amour

— Non, ce n'est pas du tout ce que j'ai voulu dire. Tes parents seront-ils d'accord…

— Mes parents! Mes parents n'ont rien à voir dans notre relation.

— Bien, alors comment allons-nous leur dire.

— Mais voyons Ted, ce n'est pas un problème. Pourquoi tant de peur ou d'angoisse dans ta voix.

— Zoé, tu es leur seule fille, tu es avocate et moi détective privée…ce n'est peut-être pas ce qu'ils avaient prévu pour leur fille.

— Ah! Ah! Ah! comme si mes parents choisiraient mes amands… non, mais là, je suis responsable de moi-même et de mes actes à mon âge.

Ted était le meilleur ami de Zack depuis longtemps, mais Ted ne connaissait pas assez ses parents pour savoir la réaction qu'ils pouvaient avoir sur leur relation. Une chose était sure, c'est que Ted avait rencontré et discuté avec Frédérick et il le trouvait très autoritaire.

— Zack, tu crois que ton père va approuver ma relation avec Zoé.

— Ted, tu ne connais pas bien mon père. Malheureusement tu l'as plus vu comme un père qui a eu très peur pour sa fille, mais nous l'aimons beaucoup parce qu'il est un père merveilleux. La seule chose qui compte pour mes parents et aussi pour nous tous je dirais, c'est que Zoé soit heureuse. Mon père t'adore déjà, sinon tu ne serais pas ici avec sa princesse.

— Je crois qu'elle est heureuse avec moi.

— Je suis sure moi.

— Alors tu crois que si je demandais la main de Zoé à ton père…il accepterait.

— Oui. Mais attention, c'est bien de Zoé que tu parles là. Je crois que tu devrais lui en parler avant pour ne pas lui faire une surprise devant nous tous. Elle pourrait mal réagir et refuser juste parce que tu as eu le dessus. Un conseil, ne la surprends pas trop.

— O.k. je voulais lui faire la surprise…je vais lui en parler d'abord.

— Je ne te dis pas de ne pas lui faire de surprise, juste de lui faire ta demande en privé et ensuite tu pourras faire comme tu disais.

— Bonne idée, je vais lui parler de ce pas.

— Hein! Tu as déjà la bague.

— Hum, cela fait un mois que je l'ai trouvé dans une bijouterie, quand je l'ai vu, j'ai su qu'elle était pour elle.

— Tu ne m'avais pas dit ça. Je croyais être ton meilleur ami.

— Oui, mais Zoé est ta soeur et je ne voulais pas te parler de cela au téléphone quand même.

— Et bien bonne chance Ted.

— Pourquoi tu dis ça comme ça…

— Ted, tu en as vu des choses que tu m'as racontées. Tu n'as jamais eu peur à ce que je sache.

La redoutable Zoé Mezzo, éperdue devant la défaite…et l'amour

Qu'est-ce qui t'arrives? C'est une demande en mariage qui te fait peur. Je crois que tu devrais prendre un verre avec moi et te calmer mon vieux.

— Oui, mais c'est quand même Zoé, et Zoé est Zoé!

— Hum, oui c'est vrai. Alors boit ton verre et… bonne chance.

— Ah! c'est malin, tu m'aides beaucoup là. Bon je vais lui parler. Tu n'aurais pas une bonne bouteille de vin avec toi par hasard.

— Tu sais très bien qu'un Italien a toujours une bouteille de bon vin. Je te la donne, mais tu vas m'en devoir une, car c'est ma dernière…alors je vais devoir souffrir par votre faute.

Ted vida son verre d'un trait et partit retrouver Zoé dans la cabane d'à côté.

— Salut chérie, t'as pu te reposer.

— Non, j'ai fait des bagages. Toi t'as pu t'amuser avec mon frère.

— Non, pas du tout. Mais je lui ai quand même soutiré une bonne bouteille de vin.

Ils s'installèrent sur la plage avec leur vin et regardèrent le coucher du soleil, qui était à couper le souffle. Ted était content, tout lui semblait parfait.

Ils étaient installés sur des chaises longues. Ted se leva juste avant que le soleil disparaisse, il sortit la boîte contenant la bague de sa poche et se mit à genoux à côté de Zoé.

— Zoé, voudrais-tu devenir ma femme, pour l'éternité? Je t'aime chérie et je suis assuré de ne plus pouvoir me passer de toi pour le reste de ma vie.

— Zoé se leva d'un bon et Zack se leva précipitamment ne comprenant pas où il avait fait une erreur. Tout lui semblait si parfait.

— Non, mais qu'est-ce qui te prends Ted. Ce n'est pas le temps avec mon oncle Miki qui va revenir à la maison, je ne veux pour rien au monde gâcher ce moment si précieux pour mes parents.

Zack connaissait bien sa soeur jumelle. Il passait devant leur cabane quand il vit Ted faire sa demande. Il ne savait plus s'il devait partir ou venir en aide à Ted. Une chose était sure, il devait se passer de ce fou rire avant d'aller à eux. Pour Zoé et Ted, rien ne semblait drôle, mais pour lui qui connaissait très bien les réactions exagérées de sa jumelle, c'était très drôle.

La redoutable Zoé Mezzo, éperdue devant la défaite…et l'amour

— Bonsoir vous deux. Ho! ne me dites pas que j'ai manqué le couché de soleil.

— Zack, qu'est-ce que tu veux, ce n'est pas le temps?

— Quoi, je n'ai plus le droit de marcher là où bon me semble maintenant. Zoé, qu'est-ce qu'il y a, tu sembles dans tous tes états.

— Oui, Ted vient de me demander de l'épouser et ce n'est pas le temps. Il y aura les retrouvailles et je ne veux rien gâcher.

— Zoé chérie, rien ne presse, on peut attendre. Nous n'avons pas à leur dire tout de suite.

— Soeurette, toi qui es une si grande avocate et tu as peur de t'engager, à moins que tu ne sois pas sure de tes sentiments.

Zoé lança des éclaires noires à Zack. Il avait vraiment envie de repartir d'un fou rire. Mais Zoé et lui étaient si liés qu'en la présence l'un de l'autre, ils avaient ce don de faire de la télépathie entre eux. Zoé le regarda droit dans les yeux et Ted les observait.

Il toucha à Zoé avant de lui parler de peur qu'elle explose.

— Hé! mais qu'est-ce que vous me faites là tous les deux. J'ai soudainement l'impression que c'est à une sorcière que je viens de demander la main.

Zoé et Zack partirent à rire. Il y avait très, très longtemps qu'ils n'avaient pas fait cela. Leurs parents leur avaient même interdit formellement de faire cela.

— Ted, ce n'est rien. Des choses de jumeaux c'est tout.
— N'empêche que c'est probablement une sorcière.
— Très malin quand tu veux toi.
— Alors, crois-tu que nous pourrions nous promettre l'un à l'autre sur cette plage sans que cela ne devienne un scandale ou un secret d'État à long terme.
— Ted, je n'ai jamais ressenti l'amour que j'ai pour toi avec aucun autre homme. Je t'aime Ted… et…oui je veux bien être ta femme, mais nous allons devoir discuter d'une chose avant.

Elle regarda Zack et ajouta.

— En privé et quand nous serons de retour à la maison.

La redoutable Zoé Mezzo, éperdue devant la défaite…et l'amour

— Je t'aime Zoé, comme Zack dit si bien…tu m'as ensorcelé et j'en suis très fier.

— Je vous laisse, je continue ma marche.

— Tu crois que je pourrais porter la bague jusque chez moi demain quand même, elle est tellement belle.

— Oui, avec plaisir future madame Ward.

— Non, madame Mezzo Ward.

— Ho! avant que j'oublie… mon vrai nom est Edward Ward… oui je sais. Sais pourquoi ton frère et quelques copains m'ont trouvé un autre prénom une journée. Il faut croire qu'ils étaient fatigués d'en rire. Depuis ce temps, personne ne m'appelle plus Edward, mais bien Ted.

— Alors moi, à partir d'aujourd'hui, je vais te dire comment je t'appelle quand je pense à toi… Teddy bear.

— Zoé, s'il te plaît ne dit pas cela à ton frère… à personne en fait.

Zoé et Ted riaient de bon coeur même si Ted avait sérieusement peur que sa future femme le treillisse à ses jumeaux.

Zoé c'était assise avec son oncle dans l'avion pour le voyage. Il avait tellement d'histoire à lui conter.

— Oncle Miki

— C'est tellement bon d'entendre cela ''oncle Miki''. Je n'y croyais plus.

— Vous ne vouliez pas qu'on vous retrouve, j'ai raison.

— Zoé ma chérie, c'était bien ça les premières années, mais plus le temps avançait, plus je croyais difficile le fait de revoir ma famille. Plus les années passent et plus tu crois leur avoir fait encore plus de mal.

— Ne vous inquiétez pas oncle Miki, mon père ne vous jugera jamais.

— Hum, il est pourtant avocat.

— Ah! Ah! Ah! Nous le sommes tous. Vous avez vraiment un sérieux problème.

— Très drôle.

Arrivée à Vancouver, Zack hébergea son oncle le temps qu'ils organisent une rencontre chez leurs parents. Deux jours plus tard, tous les enfants avaient mis la main à la pâte et tout était arrangé pour la grande rencontre.

— Les enfants, nous passons à table.

Tous se dirigèrent vers la cuisine à l'exception de

Zack qui devait faire signe à son oncle qui attendait dans sa voiture.

— Miki lui chuchotta.
— Ce n'est pas une maison ça mon garçon, c'est un château. Va, je vais attendre le signal.
— Je vais vous dire un secret avant d'aller m'assoir. Je sais que c'est un château, mais ne le dite pas à mon père…c'est ma mère qui a tout l'argent.

Miki partit à rire sans le vouloir. Zack partit pour la cuisine en toussant.

— Y'a quelqu'un à la porte Zack.
— Non c'est moi qui étais en train de m'étouffer…apparemment personne ne venait me sauver. Vous auriez dû penser à faire un docteur dans cette famille.

Zoé avait invité Ted, ce qui n'était plus vraiment une surprise à part que pour ses parents. Elle était assise à côté de Frédérick pour pouvoir discuter avec lui. Pendant que le repas leur était servi, elle lança la discussion.

— Papa, aujourd'hui je suis arrivée à un de mes buts les plus importants de ma vie.

— Oui, tu parles de ton voyage.

— En partie ou plus tôt c'était le but de mon voyage.

— Et toi quand tu t'y mets. Ne me dit pas que tu partiras vivre au soleil hein?

— Non papa, jamais je ne partirai loin de vous. J'ai plutôt apportai le soleil dans ta vie et dans la tienne.

— Zoé, vous êtes tous mes rayons de...tu es enceinte ma princesse.

— Ne me fait pas étouffé tu veux. Non je ne suis pas enceinte papa. Le voyage que je viens de faire, je l'ai fait pour toi. Pour que tu retrouves une partie de ton bonheur perdu.

Johannie ne mangeait plus, elle était bouche bée. Elle n'avait pas dit à Frédérick que Zoé connaissait l'existence et l'histoire de ses frères. Fédérick regarda Johannie avec un air de questionnement, mais Johannie était ébahie, elle regardait l'entrée de la salle à manger, les enfants chacun leur tour pour pouvoir déceler quelque chose...rien. Mais elle savait que ce qui était pour suivre était pour être un joyeux évènement.

La redoutable Zoé Mezzo, éperdue devant la défaite…et l'amour

Les enfants débutèrent à taper dans leurs mains. Frédérick et Johannie les regardaient d'un air surpris. C'est là qu'il vit son frère dans l'entrée de la salle à manger. Leurs larmes coulèrent de joies, ils se firent une accolade qui n'en finissait plus. Maintenant les larmes de tous coulaient.

Frédérick, Miki et Johannie partirent tous au salon. Les enfants suivirent tous avec leur assiettes et écoutèrent leurs parents parler avec oncle Miki.

— Zoé, je dois te remercier de m'avoir r'amené mon frère. Vous devez tout me dire.

— Michaël prit la parole.

— Tu te rends compte papa que nous étions tous très affectés par son enlèvement et que nous avons cru qu'elle partait parce qu'elle était si bouleversée que nous n'en avons pas dormis des nuits jusqu'à ce que Zack nous informe avant de partir à leur rencontre.

Tous partirent à rire.

— C'est Zoé qui est venue me chercher et crois-moi Freddy, ta fille est quelque chose. Elle ne m'a pas lâché d'une semelle. Chaque fois que je me retournais…elle était là comme une apparition. Je lui disais ''non je ne veux plus leur faire du mal, leur faire de peine, je me sens trop coupable de ne pas y avoir retourné plutôt maintenant…''. Alors je me suis dit, elle va se fatiguer et repartir bientôt. C'est là qu'elle a appelé son frère Zack en renfort. J'ai bien compris que j'étais fini, elle ne me lâcherait pas.

— Je suis le père le plus heureux qui soit de sa fille. Zoé n'est pas très redoutée pour rien au tribunal.

— Je te crois sur parole Freddy.

— Quand comptes-tu retourner en Italie.

— Je ne sais pas, mais j'ai bien l'intention de profiter de ta famille avant de repartir d'ici.

— Je vais devoir t'engager au cabinet. C'est là que tu les verras à l'oeuvre.

— Ah non! c'est fini le travail pour moi.

La soirée se déroula à merveille. Les enfants partirent, Frédérick, Johannie et Miki parlèrent une partie de la nuit.

— Johannie, tu sais qu'après que Miki soit parti, il a continué à envoyer l'argent à ma mère pour payer toutes nos études. J'ai calculé un jour à

combien revenait ma part. Elle revenait à vingt-neuf
mille dollars.

— Wow! Quel acte de bravoure!

— Je le faisais déjà avant mon départ, alors je me
devais de continuer à aider ma mère.

— Oui, mais c'est toi qu'on aurait voulu au lieu
de l'argent. Aujourd'hui Miki, je veux aussi faire
quelque chose pour toi. J'aimerais te donner de
l'argent, car c'est grâce à toi que j'ai pu devenir
avocat.

— Je suis parfaitement d'accord avec ça.

— Merci chérie.

Miki pensait à ce que Zack lui avait dit que c'était
sa mère qui avait tout l'argent. Il sourit.

— Qu'est-ce qui te fait sourire Miki?

— Ah! Ah! Ah! C'est à cause de ce que Zack
m'a dit, mais il a aussi ajouter que je ne devais rien
dire.

— Très drôle. Ne manigance pas avec nos
enfants, ils vont t'embarquer dans toutes sortes de
problèmes cocasses.

— Oui je te crois après les avoir vus ensemble.
Ils ont tellement une belle complicité entre eux.

— Qu'est-ce qu'il t'a dit?

— Hum, impossible de lui faire ça, il a dit que je
lui plaisais comme oncle.

— Je perds toujours contre eux.

Ils rirent de la situation et de l'expression qu'avait Frédérick.

— Écoute mon frère, tu ne me dois rien. Je l'ai fait pour toi et pour les autres. Je ne veux pas être remboursé pour quoique ce soit. Déjà que tu m'héberge.

— Moi je crois que cet acte de bienveillance que tu as eue envers ta famille était merveilleux et que suffise ma famille était très…très riche, nous voulons te donner un million de dollars pour que tu puisses enfin profiter de ta vie, que je suis sure, tu as toujours mérité et que tu t'es trop puni.

— Non, non…

— Miki, si ma femme dit quelque chose, il ne faut pas la contredire.

— Je ne…

— Miki, ce sera fait demain dans la matinée. Ce sera ton argent bien mérité, alors nous voulons te voir en profiter. Discussion terminée.

— Bon, buvons un verre maintenant et préparons notre voyage pour l'Italie.

— Je ne peux pas discuter avec vous deux hein? Zack m'avait bien dit que tu étais riche Johannie, mais il ne m'avait pas donné de détail. Je vois maintenant de qui Zoé retient dans cette famille.

La redoutable Zoé Mezzo, éperdue devant la défaite…et l'amour

Frédérick et Johannie répondirent ensemble que non. Frédérick se tourna et embrassa sa femme.

— Vois-tu, c'est parce que nos enfants ne connaissent pas notre capital, et je ne suis pas riche…Frédérick et moi sommes riches.

Quelques jours plus tard, Ted et Zoé firent l'amour et ensuite, Zoé pensait qu'il était temps qu'ils parlent.

— Ted
— Oui bébé
— Pour ce que tu m'as demandé aux îles Fidji, tu sais…
— De m'épouser.
— Oui
— Tu…tu ne veux plus.
— Non ce n'est pas ça chéri, je t'aime et je sais que j'aimerais passer toutes mes journées avec toi. Mais avant je sentais que tu n'arrivais pas à te donner à moi complètement. Maintenant que nous sommes de retour de voyage c'est pire…tu voudrais m'en parler.
—De quoi parles-tu, je t'aime et je veux t'épouser et comme toi passer toutes nos journées ensemble.

Ted, s'il te plait. Je le sens, si nous nous aimons et nous engageons, nous devons laisser tomber les barrières entre nous.

Silence ce fit. Elle carressa le haut de son torse et laissa sa tête sur son épaule.

— Ça…ça fait très longtemps. Ceci ne m'avait pas affecté depuis plusieurs années, mais avec ce qui c'est passé avec ton oncle. C'est comme si tout c'était réveillé en moi.

— J'ai pu sentir que c'était une blessure dans ton coeur qui n'allait pas, mais quoi Ted. J'ai besoin de savoir avant de me prononcer sur notre union. Non pas pour te juger, mais bien pour te comprendre.

Il ne disait rien, il avait peine à sortir un mot.

— Il se peut que même si tu en parles, tu ne puisses jamais l'oublier. J'ai vraiment besoin de savoir tout à son sujet Ted. Je t'aime chéri, mais je ne pourrai jamais te donner une réponse sans cela. Je t'aime plus que personne au monde Ted s'il te plait. Je veux vraiment faire ma vie avec toi, mais si tu ne me fais pas confiance, ce sera un très mauvais signe pour moi.

La redoutable Zoé Mezzo, éperdue devant la défaite…et l'amour

— Si tu veux vraiment faire ta vie avec moi, pourquoi ne pas dire oui Zoé. C'est de l'histoire ancienne tout ça.

— Parce que je ne peux pas vivre avec cette barrière entre nous. Tu dois comprendre cela.

Il l'embrassa sur la tête. En la serra plus fort dans ses bras.

— Ça fait si longtemps…dix ans exactement. Je l'aimais beaucoup…comme un fou. J'avais dix-neuf ans et c'était avec la première femme que je faisais l'acte. Elle, elle avait vingt-trois ans. Nous sommes sortis ensemble environ six mois et pour moi la perdre aurait été la fin du monde.

— Hum, hum.

— Elle est tombée enceinte et elle m'a révélé qu'elle ne savait pas qui était le père. J'ai cru mourir.

— Wow, tu ne le savais pas du tout.

— Non. Mon coeur c'est brisé…très fort. Je ne sais pas si c'était de la perdre ou qu'elle m'avait trompé. J'étais tellement stupide que je me refusais à la laisser aller et il y avait l'enfant. Si j'en étais le père, je voulais prendre mes responsabilités. Je n'osais pas et ne voulais pas savoir vraiment qui était le père, j'étais pour en prendre la responsabilité d'une façon ou d'une autre.

Zoé le serra dans ses bras.

— Je te comprends chéri, continu.

— Nous habitions chez nos parents encore. Elle disait ne pas vouloir que j'arrête mes études. Elle disait que ses parents avaient accepté de prendre soin du bébé et qu'elle pourrait continuer ses études aussi.

— Elle avait de bons parents.

Ted ne répondit pas à cela. Il continua.

— J'étais tellement pris par toute cette histoire que je ne voyais pas que mon frère semblait aussi avoir des problèmes. Après m'avoir dit qu'elle était enceinte, elle m'a demandé d'en parler en personne, car elle ne voulait pas que ses parents sachent l'identité du père avant d'avoir le bébé et pouvoir définir qui était le père. Je lui ai demandé si elle partirait si c'était l'autre le père, que je voulusse prendre soin d'eux que je sois le père ou pas. Elle m'a répondu que non, si c'était l'autre le père, qu'elle ne pouvait pas me faire cela. J'étais déprimé, je priais pour que cet enfant soit à moi. Elle ne voulait pas me dire qui était l'autre homme non plus. Alors je me suis tait jusqu'à la naissance de l'enfant de peur de ne plus la voir. Elle ne voulait

pas que ses parents me voient avant la naissance
non plus alors on se voyait trois fois par semaine.

— C'est horrible Ted et tellement blessant.

— Oui. Ce n'est pas une expérience que je ne
souhaite ça à personne.

— Non. Où est-elle maintenant?

Ted s'éclaira la gorge, ses yeux lui piquaient. Il
resserra son étreinte sur Zoé.

— Elle s'est suicidée le soir même qu'elle a eu
l'enfant.

— Oh mon Dieu! De plus en plus horrible.
Pauvre chéri, quelle terrible épreuve. Quand je t'ai
demandé de me parler de ce que je sentais, je ne
croyais jamais entendre une histoire si horrible.

— Je sais. Elle n'avait pas voulu que j'assiste à
l'accouchement. Elle m'a appelé dans la soirée pour
que je passe voir le bébé.

— Le bébé…est ce qu'il vit toujours?

— Oui.

— Est-ce qu'il est de toi?

— Je ne le sais toujours pas.

— Tu n'as jamais voulu savoir, lui donner ton
nom, l'avoir avec toi si c'était le tien?

— Haaaaa merde! c'est beaucoup plus compliqué
que cela.

— Que veux-tu dire.

— Quand je suis allé à son enterrement, mon frère y était aussi. J'ai cru qu'il avait deviné, mais j'ai vite compris en le regardant que c'était lui l'autre gars. Je suis retourné chez moi, j'ai pris un sac avec moi et je suis parti pour ne jamais revenir.

— Et tes parents? Tu crois que ton frère savait lui?

— Non je crois qu'il a été aussi surpris que moi. Je ne lui ai jamais reparlé. Par contre, je parle à ma mère une fois par mois sur l'internet.

Zoé le regarda dans les yeux.

— Je comprends maintenant pourquoi tu es resté si surpris quand j'ai parlé de retrouver mon oncle.

— Oui, je ne voudrais pas que Nathan me cherche un jour comme cela.

— Nathan!

— C'est le garçon qu'elle a mis au monde. Mon frère habite toujours chez mes parents avec lui.

— Tu lui parles à Nathan sur internet aussi?

— Oui, ma mère s'arrange toujours pour qu'il soit là. Ha les mamans, ils sont persistants…la mienne pour sure.

Il embrassa Zoé tendrement. Il voulait des enfants avec elle, il voulait tout d'elle.

La redoutable Zoé Mezzo, éperdue devant la défaite…et l'amour

— Ted, si nous nous marions…je voudrais bien qu'ils soient tous là. Tu crois que nous pourrions commencer à travailler sur cela. C'est toi qui as dit que tu ne voulais pas faire comme mon oncle, que c'était une erreur.

Il cacha sa tête dans son cou.

— Oui, mais je ne sais pas comment faire Zoé, je ne sais pas.

— Je t'aiderai Ted, je ne te laisserai jamais tombé. Je pourrais rencontrer ta mère sur internet pour commencer, ce sera un début et nous verrons de là.

— Oui, elle serait contente. Elle me dit toujours qu'il n'y a pas seulement que le travail dans la vie, qu'il ne faut pas laisser l'amour de côté.

— Quand lui reparles-tu?

— Dans trente minutes environ.

— Hein!

Elle le regarda, tout affoler.

— Oh là là! Je dois me préparer.

Ted riait.

— Tu n'as pas besoin de rien de spécial, ils sont
simples, tu sais.

— Oui, mais je ne vais quand même pas être nue,
une petite tenue simple disons.

— Et si je te faisais l'amour avant, ils n'en
sauraient rien non plus.

— Elle revint vers lui, ils firent l'amour à
nouveau.

— Tu sais Ted, si tu m'épouses, je veux tous les
connaitre, car je ferai partie de cette famille aussi.
Pour ce qui t'est arrivé, j'ai l'impression que tu as
vraiment aimé cette femme, mais ton mal semble
avoir changé par le mal que toute cette histoire t'a
fait au coeur et maintenant ton désir de les revoirs,
mais de ne pas savoir comment faire et tous les
inquiétudes que cela peut donner.

— Oui, je crois que tu as raison bébé. Je suis si
soulagé de te l'avoir dit. Je crois que j'ai déjà un
progrès de fait.

— Oui, je t'aime chéri. Ne t'inquiète pas, je serai
près de toi à chaque étape. On y arrivera.

— J'ai quand même peur que ce soit très
difficile.

— Ce le sera, mais après l'avoir fait, tu te
sentiras comme maintenant…un peu plus soulagé.

— Oui. Tu sais, je crois, que ma mère sait parce
qu'au début quand j'ai communiqué avec elle, elle
m'a dit que Patrick n'avait pas voulu faire le test. Il

disait que cet enfant avait besoin d'un père et d'un
foyer. Les parents de Nellie ne voulaient pas le
prendre. Allez, il est temps.

— Je vais dans la douche très vite et te rejoins.
Cela te donnera le temps d'avoir un peu de temps
avec ta mère avant que tu me la présentes.

— O.k. bébé.

Ted s'installa pour ouvrir le programme et entrer
dans son espace privé. Il était en retard de quinze
minutes, mais sa mère devrait être là. Il allait
essayer.

Il laissa sonner longtemps, car sa mère ne devait
pas être près de l'ordinateur. Il était pour
r'accrocher quand il vit son frère dans l'écran. Il en
resta figé. Que lui dire après tants d'années.

— Bonjour frérot.

— Bonjour Patrick, ça va?

— Oui, maman est partie à un rendez-vous, mais
elle n'en a pas pour longtemps. Elle devrait être de
retour dans quelques minutes.

— Ah! Très bien. Écoute Patrick je….je….Ha je
suis si désolé merde. J'ai vraiment fait un gâchis de
tout ça.

— Ne soit désolé Edward, elle nous berner tous les deux. Si tu te poses la question tout comme moi…oui j'étais bien cet autre homme si elle t'a dit la même chose qu'à moi.

— Oui, exactement, je crois. Mais cela m'a fait très mal. J'ai détruit votre vie et la mienne aussi à cause de cela.

— Non Edward. Il faut arrêter de vivre comme cela. Nous devons mettre cela derrière nous. Maman voudrait tellement que tu reviennes Edourad.

Zoé sortait de la salle de bain et l'entend dire Edourad. Sa famille l'appelait toujours Edward. Elle regarda Ted et riait. Il lui fit signe d'approcher, il lui prit la main et l'assoie sur ses genoux. Elle croyait voir le père de Ted, mais fût surprise de voir que c'était son frère. Il lui ressemblait beaucoup.

— Patrick, je voudrais te présenter Zoé. Nous allons nous marier.

— Zoé le regarda avec des gros yeux. Elle n'aurait pas cru qu'il annonce cela à l'ordinateur. C'était plus fort que lui. Il était si mal à l'aise qu'il ne savait plus vraiment ce qu'il disait. Il fit une petite grimace à Zoé.

— Content de vous rencontrer. J'ai très hâte de te voir en personne.

La redoutable Zoé Mezzo, éperdue devant la
défaite…et l'amour

— Oui, moi aussi. Je crois que vous étiez en
discussion, je vais vous laisser.

Ted tenait la main de Zoé plus fort encore. Il ne
voulait pas qu'elle s'éloigne. Elle le regarda dans
les yeux et lui fît un sourire.

— Bien, je vais rester chéri.

Au même moment, Patrick disparut de l'écran
poussé par Nathan qui arrivait en trombe. La chaise
sur laquelle Patrick était assis alla s'écraser sur la
bibliothèque. Il revint à l'écran en assoyant Nathan
sur ses genoux lui aussi. Nathan riait de lui.

— Edward, tu ne nous a pas appelés à l'heure et
je devais aller avec grand-mère.
— Petit garnement, tu vas devoir faire mon tour
de vaisselle pour ce que tu m'as fait.
— Oh non! Je suis désolé Patrick.

Il l'appelait Patrick, est-ce parce que son frère
avait fait les tests.

— Oui je sais j'étais en retard. Nathan, je te présente Zoé.

— Bonjour Zoé, vous êtes belle.

— Il est terrible avec les femmes. Maman dit qu'un jour il va m'en trouver une.

Ils rirent tous.

— Merci c'est gentil Nathan, mais tu très beau aussi.

— Merci je sais, grand-mère me le dit toujours.

Sa mère arriva à l'écran suivi par son père.

— Edward, je vais laisser la place aux parents, mais n'oublie pas…nous t'attendons.

Zoé ne se faisait vraiment pas à son nom. Elle serra les lèvres pour ne pas rire. Ted la vie et la pinça. Il était heureux, un autre pas de fait.

— Outch!

La redoutable Zoé Mezzo, éperdue devant la défaite…et l'amour

— Merci, nous irons très bientôt.

— Mon chéri, ai-je bien compris…tu viendras.

Elle pleurait et Zoé était émue aussi. Ted la serra fort par la taille.

— Maman, papa, je voudrais vous présenter Zoé.

— Zoé c'est un plaisir pour nous de vous rencontrer. Nous avons tellement hâte de vous voir.

— Merci, moi aussi j'ai hâte et je vous promets que nous allons faire vite.

Ted lui sourit. Il était prêt à partir tout de suite. Nathan se remit dans l'écran entre ses grands-parents.

— Je vais enfin te voir en personne. C'est génial.

Ted serra Zoé à nouveau. Il semblait ne plus pouvoir parler. Elle décida de répondre à Nathan.

— Oui Nathan, nous irons très très bientôt.

— C'est ma fête demain vous savez, ce serait encore plus génial si vous pouviez y être.

Ted avait les larmes aux yeux et ses parents aussi. Zoé décida de prendre la parole pour détendre l'atmosphère.

— Alors Nathan, je te fais la promesse d'y être avec Ted.

Ils dirent tous Ted en même temps surpris. Maintenant Ted avait la figure cachée dans le cou de Zoé et il riait. Zoé lui donna une tape dans le dos.

— Méchant garçon, j'ai l'ère de quoi là?
— Désolé Zoé. Ha maman, c'est qu'à l'école mes amis riaient de mon nom, ils trouvaient que c'était un vieux nom, alors après avoir rit comme des fous de mon nom pendant plusieurs mois, ils ont décidé de me trouver un autre nom. C'est pourquoi Zoé m'appelle Ted.
— Hé bien! si ont doit t'appeler Ted pour que tu reviennes, ont t'appelleras Ted.

Ils se dirent au revoir avec beaucoup de promesses à venir.

La redoutable Zoé Mezzo, éperdue devant la défaite…et l'amour

— Tu as bien promis que nous serions là demain toi?

— Oui, ha ha et je ne sais même pas où tu habites, mais Nathan était si mignon.

— J'habite près d'ici, mais mes parents sont à l'autre bout du Canada. Ils sont à Ottawa.

— Hé! ma mère est née au Québec, à Montréal. Je crois qu'on ferait mieux d'appeler l'aéroport immédiatement. Ce n'est pas à la porte.

— Très drôle toi. Merci d'avoir resté avec moi. Appelle l'aéroport et moi je réserve l'hôtel.

— O.k. chef.

— Moi qui croyais te refaire l'amour. Nous devons plutôt aller faire les magasins. Je lui ai envoyé un cadeau, mais je n'ai même pas demandé s'il était arrivé. Je ne sais même plus quoi lui acheter.

— Tu lui as demandé ce qu'il voulait?

— Oui, je lui ai envoyé un ensemble de Legos. Un des articles qu'il demandait.

— Quoi d'autre qu'il demandait.

— Un chien, dur à envoyer par courrier.

— Alors on pourrait lui acheter un chien.

— Hein!

— Tu dis qu'il veut un chien, où est le problème. Tes parents eux est-ce qu'ils veulent qu'il ait un chien?

— Je crois, je ne sais pas.

— Alors on achète le chien.

— Merci Zoé, je t'aime mon amour. Merci d'être resté près de moi.Tu vas m'attirer des problèmes toi.

— Je vais toujours être là maintenant. Quel aéroport nous allons?

— Ottawa.

— Tu sais que tu vas me devoir une nuit d'amour complète pour faire tout ça pour toi.

Ted la regarda et lui sourit.

Ils prirent les réservations, allèrent trouver un chiot pour Nathan. Zoé décida de lui acheter tous les articles dont le chiot pouvait avoir besoin. Ils firent leur valise et firent l'amour comme promis… toute la nuit.

Ted avait toujours la bague de Zoé, il l'avait apporté. Dans l'avion il demanda une boisson pour Zoé et lui. Tous en buvant, il sortit, la bague et lui demanda si enfin elle voudrait la porter et devenir sa femme.

La redoutable Zoé Mezzo, éperdue devant la défaite…et l'amour

— Ah oui! Avec cette histoire j'avais oublié le bus de vouloir savoir…oui je t'aime chéri. C'est parce que pour moi, j'étais déjà à toi.

Ils s'embrassèrent et s'endormirent dans les bras l'un de l'autre.

Les retrouvailles se passèrent dans l'émotion, mais Ted était content. L'accolade des retrouvailles émues Zoé.

— Ah! mon garçon, enfin! Merci Zoé de nous l'avoir apporté.

Ted avait son père, sa mère à son cou quand Patrick mit la main dans le dos de Nathan pour le faire approcher de Ted. Ils étaient tous à s'embrasser. Ted se leva la tête pour chercher Zoé.

— Vient, vient ici toi.

Il la prit dans ses bras et tous lui firent une accolade et l'embrassaient.

— Merci encore ma chérie, je te dois tout de m'avoir r'apporter mon fils.

— Non, c'est lui Mme Ward, il voulait venir depuis longtemps, mais ne savait plus comment il devait le faire et s'il devait le faire.

— C'est bien mon garçon, ne nous refait jamais ça tu veux?

— Promit papa.

— Venez nous avons une fête qui nous attend.

— Ted, tu viens avec moi chercher les cadeaux.

— Laisse Zoé, je vais aller avec lui. Entre.

— Bien merci

—Ah non! t'as pas fait ça.

—Oh! oui. C'est un problème, tu crois.

— Pas si Nathan s'en occupe, mais s'il ne s'en occupe pas…je te le retourne.

Ils rirent.

— Dans ce cas je serai très clair en lui donnant.

Après la soirée, Ted et Zoé entrèrent à l'hôtel. Ted souriait, son sourire n'avait pas disparu depuis qu'il les avait pris dans ses bras. Ils avaient aussi annoncé leurs fiançailles.

La redoutable Zoé Mezzo, éperdue devant la défaite…et l'amour

— Ted, je crois que Patrick et toi n'avez pas vraiment eu beaucoup de temps pour parler entre vous et si tu laisses aller le temps, ce sera plus difficile pour vous deux. Je crois que tu devrais l'appeler et aller prendre une bière avec lui et parler, pour pouvoir comprendre les actes que tous deux avez fait après ce drame.

— Vous serez vraiment soulagé seulement après que cela sera fait.

— Je sais pourquoi Zack disait que tu es la meilleure avocate de Vancouver et que c'était parce que tu étais trop têtu…c'est vrai, je suis d'accord avec lui.

— Têtu moi? Jamais.

— Ah bébé! S'il ne veut pas. J'ai peur qu'il joue le jeu juste parce que mes parents voulaient que je revienne.

— Tu vois, les questions ils sont là sans réponse. Cela peut encore vous détruire. Appelle-le, ce sera encore un pas difficile, mais celui-là je ne peux pas être là. C'est vraiment entre vous deux Ted. S'il ne veut pas, alors tu comprendras.

— Bien, ouf!

Il appela Patrick et le rencontra dans le bar de l'hôtel où ils étaient Zoé et lui. Ted ne rentra qu'au petit matin.

— Hé! ça va mon chéri.

— Oui, prends-moi dans tes bras.

— Hum, tu es vraiment un Teddy Bear.

— Petite princesse, tu veux savoir?

— Oui, je suis impatiente. Dit moins

— Elle lui avait fait le même coup qu'à moi. Aussi nous avons décidé de donner un père à Nathan et d'aller pour les tests. Il va faire le nécessaire aujourd'hui…il est temps pour cet enfant.

Le résultat des tests était que Patrick était le père de Nathan. Ted se sentit si soulagé. Il aimait Nathan comme un fils quand même. Cela restera toujours pour lui.

— Patrick, tu vas lui dire?

— Non, il l'a toujours pensé.

— Bien, cela ne dérangera pas sa conscience. La nôtre en a eu son lot.

Ils repartirent une semaine plus tard en promettant de revenir souvent.

La redoutable Zoé Mezzo, éperdue devant la défaite…et l'amour

Ted et Zoé annoncèrent qu'ils avaient décidé de se marier sur les plages des iles Fidji. Tous y assistairent, ainsi que la famille de Ted et oncle Miki. Ted en profita pour changer son nom légalement, il profita de son avocate gratuite.

Trouvez-les, ils sont là

Mon bel amour
Le Prince Aja envoûté par Danna
L'amour interdit de Magalie
Ogan Mezzo que rien n'arrête trouvera les amours
de sa vie
La redoutable Zoé Mezzo devant la défaite…et
l'amour
Zack Mezzo, le beau charmeur chevauche avec
l'amour
Emmanuël Mezzo face à son secret
Michaël Mezzo tourmenté par ses amours
La famille Mezzo : L'intégral
Amoureuse de son sauveur
Le cadeau de Gabriella
Un cowboy pour Mia
Mon ange gardien sexuel
Deux mois d'amour, une vie de passion
Mon oiseau volage d'amour
Annie taquine l'amour de sa vie
Destinée à lui
Alyssa, tu es mienne, eres mías